AF367418

El Secreto llegó a Mi Vida

Eva Mª Galera

© El Secreto llegó a Mi Vida

© Galera Cardona, Eva María

ISBN papel: 978-84-686-7108-6

ISBN digital: 978-84-686-7109-3

Impreso en España

Editado por Bubok Publishing S.L

Nota: Este libro no trata de sustituir ningún tratamiento médico, es una guía para cambiar nuestra actitud hacía la vida, tal y como me ha servido a mí.

Agradecimientos

Quiero dar las gracias ante todo a mis padres, por cómo me han educado, por estar siempre a mi lado, apoyándome, dándome su amor, a mis hermanos, los que no están físicamente y a el que lleva tanto tiempo conmigo.

A este gran invento que es Internet y que me ha abierto una ventana gigante al mundo.

Aquellas personas que me han ido acompañando a lo largo de este camino de descubrimientos de El Secreto.

Gracias al Universo por mostrarme lo necesario para poder entender lo que iba ocurriendo a mí alrededor, por proporcionarme lo necesario para que mi camino me haya llevado a lo que hoy es mi vida.

Índice

Capítulo 1

Tu vida es lo que esperas que sea

Siempre he creído que era capaz de intuir cosas, porque pensaba algo y al poco tiempo se generaba, no es que fueran cosas muy descaradas, pero recuerdo que cuando tenía unos 16 años hicimos un viaje de estudios por Castilla la Mancha, desde Valencia hasta Madrid, una de las ciudades donde estuvimos fue Talavera de la Reina, me encantó, hasta pensé "¿que será vivir en una ciudad así?", yo entonces aún vivía en Formentera a cientos de kilómetros de allí.

No voy a decir que casi dos años después mis padres se arruinaran porque yo desee vivir en esa ciudad, pero si es cierto que terminé viviendo allí cinco años, de todos los sitios que mis padres vieron para empezar de nuevo después de perder todo lo que teníamos, eligieron Talavera de la Reina.

Cuando las cosas empezaron a ir mal en mi empresa, no había un motivo claro para que fuera así, ya que todo empezó en lo que se podría decir era el "boom" para todas las demás empresas del mismo gremio que la mía, pero sin motivo aparente los presupuestos que entregábamos con precios ajustados nos los denegaban, obras que teníamos ya apalabradas prescindían de nosotros, salían algunos trabajos buenos, pero se retrasaban tanto en los pagos, que provocaban que yo tuviera que devolver facturas de proveedores, estuve al menos tres años sin cobrar mi sueldo, tan solo cogiendo lo que necesitaba para mis gastos, porque no podía moralmente poner la mano para mí si no tenía para los demás.

Hoy desde la perspectiva y el conocimiento que tengo de La Ley de Atracción puedo decir que, ni los directores de bancos a los que visite casi rogándoles ayuda, ni los clientes que dejaron de pagar o se retrasaban, ni la gente que casi llegaba a agredirme por deberles dinero, ninguno de ellos era responsable de mi situación, la única responsable era YO.

Porque desde un principio cada vez que tenía que ir a ver a un director en el fondo pensaba "no me lo dará, ya verás pondrá pegas, claro con todo lo que tengo en contra no me lo podrá dar”, si era para cobrar una factura pensaba “con este dinero podré pagar los seguros sociales o tal factura, pero claro como no me pague, ¡¡ay, no voy a tener suficiente para todo!!”

Sentía tal angustia que cuando llegaba el momento de enfrentarme a estas personas y situaciones ya tenía muy claro en mi interior que no saldría, iba muy predispuesta a fracasar aunque me empeñara en ser optimista ya había sembrado la duda en mi subconsciente.

El miedo que empezó como una pequeña semilla en mi interior, cada día iba creciendo hasta dimensiones que me hacían temer por mi futuro constantemente.

Hoy sé que así no se puede uno reunir con nadie, ni conseguir nada, olvídate de ese trabajo que deseas si esperas que te lo nieguen, mejor quédate en casa y espera un buen momento para ir por él, hay que tener muy claro que uno ha de ir muy preparado mentalmente, con la seguridad interior de que las cosas irán tal y como nosotros deseamos, no podemos enfrentarnos a situaciones con miedo, porque estamos condicionando todo el resultado.

Hemos que asumir que nosotros somos responsables de lo que ocurre en nuestro mundo, de cómo afrontamos las situaciones y nuestra capacidad de adaptarnos a los cambios de la vida, que nada tienen que ver los demás, ni el vecino, ni el político, ni la situación del país, que sin importar cuál sea la realidad del resto, la nuestra puede ser distinta y acorde con nuestros sueños.

De hecho en tiempo de crisis es en el que aparecen o se hacen las mayores fortunas del mundo, personas emprendedoras, que no se centran en los problemas, si no que hacen de los problemas una nueva oportunidad para crecer y con ello no tiene porque tratarse de nada que perjudique a otros.

Nuestra vida, nuestra realidad, está condicionada por lo que esperamos que sea y será aquello que nosotros creemos que debe ser.

Este concepto es algo difícil de asumir, sobre todo si nuestro ego
o nuestro miedo es tan elevado que no puede soportar la idea de
que somos responsables de todo lo que no sale como él espera,
es más fácil echarle las culpas a los demás, a la situación del
país, a los políticos, al vecino, a la ex novia, a los padres, a los
profesores, a la vida misma, antes de admitir la responsabilidad
que tenemos sobre lo que nos ocurre.

Por eso, todo esto de la Ley de Atracción es tan difícil de admitir
para muchos, que aún no están preparados para los conceptos y
principios que son las bases de esta Ley, aunque sí es cierto que
la vida misma nos está empujando a todos a la comprensión de
las Leyes Espirituales y su funcionamiento, cada día debido
precisamente a las crisis personales que se están dando, se
abren a confiar y creer.

Cuando uno está leyendo este libro u otros sobre el tema, es
porque ha superado o está en camino de superar su Ego, sus
limitaciones, porque busca un cambio y en el fondo sabe que las
casualidades no existen, recordad que atraemos aquello que
creemos merecer, no lo que deseamos, ya sean creencias
conscientes o inconscientes.

De todos modos cada cosa tiene su momento y lo que hoy no
nos sirve, mañana podemos necesitarlo, todos tenemos un
proceso y un crecimiento, cada cual a su ritmo y todos son
respetables.

Capítulo 2
Cuando tenía 17 años "nos arruinaron".

Hasta entonces había tenido una infancia y adolescencia muy feliz, tanto emocionalmente, como físicamente, lo tenía todo, pero un día de la noche a la mañana, porque antes no quise verlo o no asumí la realidad o no tenía porque verlo dada mi edad, tuvimos que hacer las maletas y marcharnos con lo puesto, no fue sólo perder nuestra casa, los apartamentos, la tienda, vehículos etc.

Fue perder TODO lo que a mí me importaba, mis amigos, mi familia, dejé de sentirme segura, arropada y protegida como lo había estado hasta ese momento.

Lo pase realmente mal, no sólo por la añoranza que sentíamos hacía todo lo que habíamos tenido que dejar atrás, sino porque hubo días en que no teníamos dinero para una barra de pan, a veces pedíamos huevos a la vecina con la excusa típica de que no nos había dado tiempo o los habíamos olvidado, pero la verdad era que no teníamos con que comprarlos.

Aún así, salimos adelante, decir que fueron nuestros padres quienes lo hicieron, pues ni mi hermano, ni yo, nos pusimos a trabajar como a lo mejor deberíamos haberlo hecho, sino que nos pusimos a estudiar, yo conseguí llegar a las pruebas de la universidad, algo que lo más seguro que si hubiera seguido viviendo en mi tierra no habría hecho.

No por nada, sino porque no tenía ningún interés en nada en concreto.

Siempre hemos valorado en mi casa lo que nos ocurrió como algo muy duro, pero a la vez muy positivo, porque hemos ganado muchas cosas, no materiales, sino vivenciales, experiencias, gentes, que no habríamos tenido la oportunidad de conocer de no habernos arruinado.

¿Por qué os he contado esto? Porque diez años después yo me arruiné, tal y como nos dice la Ley de Atracción somos lo que pensamos, lo que sentimos, lo que creemos.

Asumo que yo atraje el pasado a mi vida, por mis pensamientos de temor ante el recuerdo de ese trauma.

Sumado a la inexperiencia del mundo de los negocios, las lecciones que la vida nos da para que evolucionemos, yo reviví de un modo parecido lo que había ocurrido años atrás en mi casa.

Cuando las cosas empezaban a ir genial, teníamos una empresa prospera, que había comenzado de una manera muy modesta, celebrando cada trabajo como algo importante, con casi veinte empleados, casas, vehículos, dinero, todo ganado con nuestro trabajo, de repente sin motivo aparente todo se volvía al revés. ¿Qué pasó?

 Los ciclos de la vida, que como las mareas suben y bajan.

¿Qué hice?

Tuve miedo, empecé a temer que las cosas no salieran como yo esperaba, que tal presupuesto no lo aceptaran, que tal cliente me pusiera pegas para pagar, yo sin saberlo estaba atrayendo aquello que más miedo me daba, volver a perderlo todo.

¿Que causó este miedo?

Pues creo que como a millones de personas en el mundo, las imágenes que con horror vi en televisión, el atentado a las Torres Gemelas, revolvió algo en mí que por unos instantes volví a sentirme como aquella niña de 17 años, tuve miedo ante todo lo que podía ocurrir a partir de aquel momento, en lo que era el Mundo tal y como lo conocía.

Perder la vida que tenía, como había visto perderla a tanta gente ante mí, a través de los medios de comunicación, me creaba mucha inquietud e inseguridad y ese impacto se quedó grabado en mi inconsciente.

Tenemos que entender que no son sólo nuestros pensamientos conscientes los que se reflejan en nuestra vida, que los que más poder tienen, ya que no los podemos controlar, son los inconscientes, de ahí que tengamos que "borrar" toda la memoria para llenarla de nuevos pensamientos positivos, de nuevas creencias positivas.

Si las cosas hubieran sido fulminantes en pocos meses todo se habría ido al traste, pero como soy una persona que ante las dificultades se crece, pues un día conseguía un pequeño triunfo que sólo servía para hacer un parche ante un gran agujero, eso evitó que mi miedo interior acelerara la caída, porque me envalentonaba y llenaba mi vida de pensamientos positivos de que todo iba a salir bien, que lo superaríamos.

Lo malo es que al poco permitía que el miedo entrara de nuevo en mi vida, no dejándome dormir, no salía por miedo a encontrarme alguien que me acusara de deberle dinero, evitaba ser vista por las calles donde vivía, en la cola del banco, yo misma estaba creando tal sensación de abatimiento, que me sorprende, los momentos de valentía que tenía.

Nosotros somos los que condicionamos nuestra vida, es como aquel que tiene un lunar en la cara, para esa persona ese lunar es lo único que ve la gente al mirarle, vive pendiente de las reacciones de los demás ante esa "cosa tan fea", pues lo cierto es que todos vemos su lunar, pero lo asumimos como otra parte más de su fisonomía.

¿Quién sufre por algo a lo que los demás no damos importancia? Él.

Capítulo *3*

Podemos perdonar a otros. ¿Y a nosotros mismos?

Toda esta situación estuvo a punto de destruir a mi familia, sí es cierto que la situación económica varió poquito a poco, pero una vez que asumí que yo soy la responsable de lo que me ocurre y que no tiene nada que ver otra persona o cosa exterior a mí, las cosas fueron mejorando.

No es simple optimismo ilusorio como le llaman algunos, la Ley de Atracción nos muestra que una vez que hemos asumido la responsabilidad de nuestros pensamientos, podemos llegar al meollo del problema y cambiar nuestra forma de pensar, borramos archivos negativos que nos están destruyendo, para reemplazarlos por archivos positivos, que nos dicen que somos capaces de lograr aquello que deseemos, si somos capaces de creer plenamente en ello y trabajamos para conseguirlo.

Hoy sé que mi miedo provocó esa realidad en mi vida, en mi mundo, como también sé que yo no tengo porque perder de nuevo nada, que no tengo que sentirme mal por lo que hemos logrado, que lo merecemos y es nuestro, nadie va a venir a quitárnoslo otra vez, el pasado, pasado está, hay que vivir en el hoy, que mañana será otro día.

Hoy sé que YO SOY próspera, que tengo la capacidad de luchar y trabajar para salir adelante y que el Universo me ayudara a encontrar el camino hacía el éxito en mi vida, porque yo me lo merezco como otro cualquiera.

Hoy sé que lo primero que he hacer es perdonarme a mi misma por todo lo que me ha pasado, porque con mis miedos, con tantas noches de insomnio o remordimientos yo provoque esto.

Así que asumo mi responsabilidad en lo que viví en mi pasado y me perdono por lo ocurrido, el pasado no se puede cambiar y de él podemos aprender mucho, entre otras cosas a no cometer los mismos errores.

Todos necesitamos tropezar para poder avanzar, como en la filosofía China o en Feng Shui tenemos el Yin y el Yang, necesitamos que dentro de un cuarto haya cierta claridad para poder identificar la sombra.

Necesitamos cometer errores o tropiezos para no volver a repetirlos, podemos sufrir para valorar el Amor, podemos llorar para reírnos más, porque sabemos que es un lujo vivir buenos momentos y los malos duraran el tiempo que tardemos en aceptarlos, ni más ni menos.

Así en nuestra vida necesitamos las experiencias que catalogamos de negativas para comprender las que son positivas.

En mi camino de crecimiento personal encontré a Louise Hay, su filosofía de amate a ti mismo antes que a cualquier otro, es la que hace que muchos aprendamos que si no nos queremos, no sabremos querer de una manera sana a los demás.
Sus libros Usted puede Sanar su Vida, el Poder esta Dentro de ti, Gratitud, forman parte de mi biblioteca personal y no recuerdo la cantidad de veces que los he leído, porque siempre encuentro algo nuevo que me ayuda para ese momento en concreto de mi vida.

Comencé de "casualidad" como todo lo que ha ido llegando a mi vida, a leer y ver los videos de Louise Hay, a partir de sus videos me di cuenta como aunque creamos que no somos rencorosos o que perdonamos con facilidad, en el fondo recordamos cada una de las ofensas que hemos vivido en nuestra vida.

Así una tarde viendo un video en youtube Louise proponía que me relajará y tratará de recordar alguna ocasión de mi infancia en la que me hubiera sentido atacada por alguien.

Cuál fue mi sorpresa que me remonté a la época del colegio en que uno de mis profesores me echó un día de clase porque no quería contestarle en mallorquín, llegando a decirme que nunca llegaría a ser nada.

Se equivocó claro.

Aunque a mí no dejó de sorprenderme como algo que ni recordaba, había venido a mi mente, eso era una señal clara de que no estaba olvidado, sólo guardado en algún lugar de mis recuerdos para salir si le daba permiso, como había hecho en ese momento.

A partir de aquel momento, me puse a investigar sobre esta mujer y me fascinó, tanto es así que empecé con este libro como un ejercicio para poner sobre el papel mi experiencia, lo que estaba descubriendo y quería compartir con otros que pudieran estar en mi misma situación, que sirviera de ayuda.

En mi búsqueda de afirmaciones positivas para cambiar mi vida, impulsada por la recomendación de Louise Hay de que las afirmaciones positivas son una de las principales herramientas para cambiar nuestra vida.

Encontré una página Mensajes de Amor de Cecilia Tofanari, Instructora en Argentina de la filosofía de Louise Hay, a la que escribí pidiendo permiso para poder usar sus afirmaciones en mi blog o en este libro.

Esta es su web www.mensajedeamor.com

A partir de su permiso me suscribí a sus mails y dos años después de contactar me envió uno en el que anunciaba una formación en Argentina, basada y avalada por Louise Hay y Hay House.

Le escribí emocionada para comentarle que me encantaría hacer la formación, pues tenía el dinero justo ahorrado para ello, sólo que Argentina me quedaba algo lejos como para desplazarme desde España.
Tenía para la formación, aunque no para el billete, estancia y demás.

Su respuesta fue que no pasaba nada, que en España había una persona que hacía lo mismo que ella y que contactara a ver qué fechas serían aquí.

Así lo hice y en Julio de 2009 me formé en Banyoles como Hay Teacher, una experiencia que me ayudo a entender porque yo era como era, porque tenía las relaciones que tenía y cuanto me queda por aprender.

Lo cierto es que mi intención no era realizar cursos de Louise, yo deseaba hacer ese curso para mí, para mi crecimiento y así fue.

Capítulo 4

No se trata de perdonar, si no de soltar, un puño cerrado no deja entrar nada.

Mabel Katz que nos habla en su libro El Camino más fácil del método de Ho´oponopono, yo lo he utilizado con éxito sobre todo en esos momentos en que algún pensamiento o sentimiento de miedo o enfado me ataca, como cuando surge algún miedo del pasado, paro un minuto y pienso:

"Lo siento, perdóname, por permitir que estos pensamientos negativos, que ya no tienen poder sobre mí, enséñame la solución, perdóname, te amo, gracias."

Esta oración que os pongo a continuación, la he sacado de Internet.

Dicen que es de Mornah (la creadora de este proceso) dijo para ayudar a aliviar cientos y miles de personas. Es simple pero poderosa, como siempre os repito en la fe de cada uno está el creer o no, lo que tú creas eso será para ti:

**"Divino creador, padre, madre, hijo en uno...
si yo, mi familia, parientes y antepasados te han
ofendido a ti,
tu familia, parientes, antepasados en pensamiento,
palabra, obra y acción desde
el principio de la creación hasta el presente, te
pedimos perdón...
Deja que esto limpie, purifique, libere, corte todos los
recuerdos negativos,
Bloqueos, energías y vibraciones y transmute esas
energías no deseadas en luz
pura....esta hecho..."
También uso la presencia de Yo Soy para darme
ánimos.
"Yo Soy prospera y feliz, en armonía conmigo misma y
con el resto del Universo
Gracias."**

**"Yo Soy la resurrección y la vida atrayendo a mi
mundo Prosperidad, Abundancia y
Felicidad en armonía conmigo misma y con el resto del
Universo, Gracias.
También hay afirmaciones diarias que nos pueden
ayudar en cualquier aspecto de
nuestra vida que queramos mejorar:
Hoy elijo atraer la prosperidad.
Hoy ACEPTO una vida llena de gratificaciones y
satisfacciones.
Al final del libro, os dejaré varias afirmaciones que he
ido sacando de Internet para que
podáis usar aquellas que mejor os hagan sentir.**

Otro de los ejercicios que utilizo y que también me ha ayudado a soltar emociones como el miedo, el agobio, el nerviosismo ha sido el Método Sedona del que también se habla en el libro El Secreto.

O mi frase favorita para esas personas o situaciones que ya no deseo en mi vida, es de Louise Hay
"Te Bendigo con Amor y te Libero de mi Vida"

Una de las cosas que más me han sorprendía de todos los libros que he leído es que Dios no nos castiga, reconozco que no soy muy religiosa, pero sí que ante situaciones en las que me sentía muy mal me decía.

"¿Que he hecho yo para merecer esto?
¿Por qué me castiga Dios?"

O cuando algo nos salía bien después de algo malo.

"Dios aprieta pero no ahoga"
Esta última frase sobre todo le encantaba a mi abuela.

Imagino que dependiendo de la educación religiosa de cada uno, así son los sentimientos que le infunde dicha religión.

Hoy asumí que Dios no nos castiga, él no tiene nada que ver con esto, somos nosotros quienes nos equivocamos al tomar ciertas decisiones y en nosotros está el solucionarlas y que si además tenemos la Fe de que pase lo que pase siempre saldremos victoriosos, así será.

En realidad la mayoría de nuestros miedos o carencias vienen causadas por las creencias que hemos ido adquiriendo durante toda nuestra vida sobre esos temas.

Puede que para otros el decir:

¡Ay, qué alivio, por fin puedo despreocuparme que otro lo hará todo por mí!

Resulte muy sencillo y hasta tranquilizador, aunque yo antes era de las que pensaba que si no hacía yo las cosas por mí misma, no tenían el mismo valor, he aprendido a dar las Gracias, ha admitir que no soy débil porque los demás me ayuden, ni las cosas perderán su valor, si no las gano yo sola y alguien me ayuda.

Que igual que me encanta ayudar a los demás y estar disponible, también yo puedo pedir ayuda y dejar que otros me cuiden, incluso si a esos "otros" no puedo verlos.

En todos los libros que he leído sobre metafísica, motivación, superación, prosperidad, etc. Nos hablan que no importa cómo le llamemos Buda, Dios, Universo, en realidad es energía, nosotros mismos somos energía, por eso atraemos todo lo que está acorde con la energía que estamos emitiendo, porque además de desear, nos movemos hacía ello, nos creemos merecedores de ello, provocando las situaciones que nos llevaran a lo que deseamos.

Si no creemos que merecemos tenerlo y que lo tendremos, sintiéndolo mucho no llegará y si llega posiblemente lo perdamos.

Es como el ejemplo que he leído en tantos libros, gente a la que le toco el Gordo de la Lotería que al año, además de ya no tener dinero tenían mayores deudas que antes.

¿Por qué?

Porque en realidad no se creían merecedores del Premio y porque no tenían una conciencia de prosperidad y si de carencia.

¿Cómo podemos cambiar eso?

Cambiando nuestras creencias y para ello están las afirmaciones, se habla mucho de que no funcionan, porque ¿de qué sirve repetir unas frases sobre algo que no existe aún? Ay! esos realistas consumados, que han de ver para creer, cuando la clave es Creer para ver.

Bueno yo desde mi experiencia, os digo que sí funcionan y mucho, sólo que no es cuestión de repetirlas un par de días y como no vemos los resultados que esperamos, pues ya las descartamos, esto es un trabajo diario y al igual que hemos aprendido a dedicar unos minutos al día a lavarnos los dientes para tener una buena salud dental.

Igual que te has repetido cientos de veces: "que gorda estoy"

Y al final te ves, te sientes gorda, la ropa no te sirve, por más que hagas dieta sigues sintiéndote gorda, puedes dedicar parte de tu tiempo a repetirte aquello que deseas ser o tener.

Todo lo que os propongo en este libro se puede hacer dedicándole unos minutos al día, hasta que al final formará parte de vuestra rutina diaria y ni os daréis cuenta del tiempo que le dedicáis.

Además que yo creo que cuando se trata de mi felicidad, todo lo que haga para conseguirla y mantenerla es poco.

"Toda creencia es un pensamiento que te has repetido constantemente" Louise Hay.

Así, para cambiar tus creencias, incluso las inconscientes, afirma de manera consciente aquello que deseas ser, tener, lograr.

Tal y como explico en mis cursos, para realizar las afirmaciones tú mismo, ten en cuenta:

Capítulo 5

Uso del vocabulario positivo

Está demostrado que aquellas personas que son positivas y saben ver el lado bueno de lo que les ocurre, disfrutan de mejor salud, una vida más larga y buenas relaciones.

Superan mucho mejor, los golpes de la vida y crean situaciones constantes para hacer realidad lo que desean.

Para ser alguien positivo no se trata sólo de realizar afirmaciones o tratar de tener únicamente pensamientos positivos, nuestro vocabulario es también muy importante a la hora de atraer lo que deseamos.

De nada sirve realizar afirmaciones, si luego nos pasamos el día quejándonos del tiempo, la familia, el trabajo, los amigos, el país, la crisis....

Cierto que hay muchos motivos para estar disconforme, aun así aquel que desea crear su vida de manera positiva ha de llevarlo a rajatabla y eso incluye las conversaciones que mantenemos con los demás, lo que vemos o que apoyamos en nuestro día a día.

Siempre será mejor unirse a asociaciones por la Paz, que en contra de la Guerra, a favor de la naturaleza, que anti-contaminación.

Recuerda que todo lo que sale por tu boca son decretos, si siempre estas quejándote por mucho que trates de ser y pensar que eres una persona positiva en realidad estás decretando que en tu vida existan más motivos para quejarte.

Un ejemplo curioso lo viví este verano en una de las cenas que hemos organizado desde que cumplimos 40 años, los niños hoy hombres y mujeres que nos criamos juntos.

Hubo algo curioso en la última cena porque uno de los chicos que vino se extrañó que a él nadie le avisara en una cena el

verano anterior, fue causa de risa porque lo tomamos todos con
humor.

La curiosidad fue que el mismo contó que en la primera cena
era uno de los organizadores y que cuando hablaron de hacer
varias durante el año, el dijo que con una había suficiente.

Así de algún modo, él quedo "olvidado" en las demás cenas que
hicimos el año anterior, nadie contó con avisarle o se les paso...

El caso que así lo pidió, así lo obtuvo y él sólo asistió a una cena
ese año.

Capítulo 6
La postura y la respiración consciente

La postura también afecta a nuestros estados de ánimo, prueba a andar con los hombros caídos y arrastrando los pies, mirando hacía el suelo...

Ahora cambia tu postura, levanta la cabeza, sonríe, mantente erguido, mira al frente y camina, también puedes simplemente mirar al cielo, sonreír, abrir los brazos y abrirte a recibir.

¿Verdad que notas la diferencia?

Cada vez que sonríes estas enviando una señal al cerebro de que eres feliz, por lo tanto segregas endorfinas, las hormonas de la felicidad.

Sé que resulta a veces complicado tratar de sentirte bien si no te sientes así, el querer cambiar de un estado negativo a uno positivo de golpe, muchas veces supone un salto muy grande, por lo que la propuesta es ir paso a paso, así que uno de ellos es mejorar la postura que tengas en ese momento, el parar y respirar hondo varias veces, sin prestar atención a otra cosa que no sea como entra el aire por tu nariz, hincha tu estomago y pulmones y lo expulsas por la boca.

Hay muchas formas de mejorar la postura, las clases de Yoga hoy en día te ayudan no sólo a vivir más conscientemente de tu cuerpo o de tu conexión con tu Ser Superior o de los Chacras energéticos que recorren nuestro cuerpo y como nos puede afectar el que alguno de ellos esté "bloqueado", si no de que desarrolles una pautas para mantener una buena postura corporal en tu vida diaria.

Aunque si lo tuyo es el movimiento cualquier actividad física, te impone una buena respiración y postura para poder desarrollarla sin perjudicarte.

Así cuando sientas que no estás anímicamente en tu mejor momento observa cómo estás sentado, si andas erguido o estas curvándote y mirando hacia el suelo.

Levanta la vista al cielo y sonríe, notarás el cambio.

Capítulo 7
Como hacer tus propias afirmaciones positivas

Una de las herramientas necesarias para manifestar y cambiar nuestras emociones y pensamientos, son las afirmaciones positivas, se ha demostrado que el repetir este tipo de afirmaciones y más cuando han sido creadas por uno mismo, nos ayudan a tener más autoestima, cambiar de una emoción negativa a una positiva, a lograr cambios físicos, como a atraer lo que deseamos, ya que si se hacen bien, el cerebro no es capaz de distinguir si lo que estamos afirmando y sintiendo es realidad o no.

Lo importante siempre es que sean frases cortas, concretas, en presente, positivas y que cuando las repitas hagan que te sientas identificado con ellas y sea una emoción positiva.

Algunos ejemplos de cómo empezar:
*Ahora me siento agradecido/a por....
*Gracias por...
*Yo Soy...
*Elijo...

El agradecer de antemano lo que deseas, como si ya lo tuvieras, aún cuando no lo has recibido, es la manera de que la afirmación funcione.

El afirmar:

*Gracias por el coche maravilloso que voy a comprar...

Habla de un futuro que no sabemos cuándo llegará, nosotros vivimos un presente que es hoy y es el que no traerá un futuro que aún no existe, por lo que afirma hoy lo que deseas para mañana como si ya fuera una realidad.

" No deseo este trabajo"
"No deseo a este tipo de persona"
"No deseo no tener deudas"
"No quiero esta relación"

Quítale el No a las frases y esto es lo que estas afirmando para
tu vida:

"Deseo este trabajo que me hace sentir mal, en el que no se me
valora, en el que no soy feliz"
"Deseo a este tipo de persona a mi lado, que me maltrata, que
no me ama, que me hace Infeliz"
"Deseo tener deudas, que me agobian, que me dan miedo y
evitan que tenga toda la abundancia que merezco"
"Deseo esta relación que me hace desgraciada, que me tiene
anulada, que nos hace daño a los dos"

Ten en cuenta el tipo de vocabulario que usas, pues lo que para
mi puede resultar una palabra que me esté apoyando en lo que
deseo, para ti puede despertar ciertas reticencias.

Una misma palabra puede tener varios significados y sobre todo
dependiendo del lugar donde vivimos, lo que para unos es un
alago para otro país puede suponer un insulto grave.

Un ejemplo curioso, para mí esta frase:

La concha de tu madre es preciosa
Supone que su madre tiene un molusco cogido en la playa que
me gusta.

En cambio en Argentina puede suponer un insulto grave hacía
la madre del otro.

Recuerdo que cuando estaba cursando el Practiconer de PNL,
nuestro profesor nos propuso un ejercicio sencillo.
Nombro cuatro palabras y cada uno de nosotros teníamos que
hacer una descripción de lo que esa misma palabra suponía.

Así una palabra como Amor tuvo distintas connotaciones para
cada uno de nosotros y eso me dio una perspectiva muy amplia
de lo complicado que resulta a veces la comunicación, sólo
porque el otro no percibe lo que decimos de la misma manera
sólo porque las palabras tienen distintos significados para cada
uno.

Por lo que realiza tus propias afirmaciones con palabras que a ti te hagan sentir bien.

Si cuando las repites te sientes de maravilla esa es la señal de que están bien escritas y te benefician.

Reforzar afirmaciones, pintando, móvil, oyéndolas

Una manera de que no se te olvide repetir tus afirmaciones es poniéndolas en la agenda el móvil para que suenen como recordatorios cada día a las misma hora, a mi esta me va muy bien porque es discreta y nadie sabe que estoy haciendo.

El imprimirlas y pegarlas en tu habitación, en el baño, en la nevera...

Llevarlas escritas o escribirlas unas 9 veces cada día en una libreta...

Grabar en un CD con tu propia voz las afirmaciones y escucharlas al acostarte...

De cualquier manera que sea, el repetir tus propias afirmaciones o el usar aquellas que más te gusten, así como la lectura de libros que mantengan tus emociones positivas elevadas, harán que de una manera amena poco a poco vayas sustituyendo esos pensamientos negativos y reprogrames tu cerebro para que aumenten los positivos, que son los que nos interesan para atraer lo que deseamos.

Capítulo *8*

Busca siempre una emoción que te alimente el Alma, esta te hará volar.

La energía que más montañas mueve y más fuerza tiene es el Amor, con Amor todo es superable y alcanzable, recordáis ¿cuándo os sentíais motivados por un amor adolescente?

¿A qué erais capaces de cualquier cosa?

¿A qué os sentíais levitar?

Recordáis la energía que sentíais y que desprendíais.

Si ese Amor lo dirigís hacia vosotros mismos es el más potente de todos, porque para querer a todo lo demás uno debe quererse a sí mismo, si estáis contentos con vosotros y con lo que tenéis, es más fácil que todo lo que os rodea salga bien.

¿Habéis probado a sonreír a la gente que va por la calle?

¿Veis como cambia su actitud en un segundo?

Sin razón aparente el mundo cambia a la vista de una sonrisa.

No es lo mismo levantarse, empezar el día con mal pie, en el que todo nos sale mal, llegamos tarde a trabajar, nuestro compañero nos carga de trabajo, el jefe nos grita, los clientes se enfadan, PARA, por un momento para.

¿Cómo te sientes ahora mismo?

Esa es la emoción que hace que no llegue lo que deseas y si más de lo mismo.

"¿Quiero que mi día continúe de este modo? NO."

Cambia tu actitud, respira pausadamente, cuenta hasta diez, utiliza Ho´oponopono, el Método Sedona, sé consciente de lo que estas sintiendo, sonríe a la vida, a la gente, al sol que te ilumina y verás que todo a tu alrededor cambia de vibración para que el día termine siendo, un buen día.

Porque cuando te vuelves consciente de lo que sientes y de lo que estás pensando, es cuando eres capaz de tomar la decisión de cambiar o continuar por el mismo camino.

El levantar la mirada al cielo, abrir los brazos y decirte a ti mismo: GRACIAS

Es un magnífico ejercicio para cambiar esa baja vibración por una más alta de agradecimiento.

Cuando uno tiene ilusión y fe en lo que desea y tiene la seguridad de que es suyo porque lo merece y llegará pronto, sin preocuparse de cómo lo hará, sabiendo que está en camino, podéis estar seguros de que así será.

Es como los niños, ellos aún no están condicionados por patrones adquiridos, ellos están en su mundo de niños y no tienen más preocupaciones que comer, dormir, jugar, reír, os habéis dado cuenta que ¿los niños no dudan si van a conseguir lo que desean o no?

Ellos tienen claro que les pertenece, lo piden, lo exigen si es necesario, seguros de que lograran su objetivo, en ningún momento se les ocurre pensar que se le niegue nada, aunque sea un desconocido a quien lo pidan.

Deberíamos tomar ejemplo de ellos y tener la certeza de que lo que deseemos va a ser nuestro que debemos ir por ello, que el resto ya se encargará el Universo de dárnoslo.

Nosotros además tenemos la ventaja de la experiencia, con lo que podemos llegar a tener lo que deseamos y además sabemos cómo hacerlo sin volver a tropezar en los mismos errores.

¿Qué importa cómo o cuando llegue si tenemos la seguridad de que llegará?

Aquí tenéis un motivo para tener fe, no tendrás lo que quieras, cuando tú quieras, como tú quieras, ya no eres un niño al que le baste con berrear, sino cuando estés preparado para tenerlo, de ahí que.

Has pedir y dejar que todo fluya tranquilamente, sin tratar de imponer tus maneras o formas, sin que tu Ego manipule las cosas, el Universo es quien nos traerá lo que deseemos, cuando sea nuestro momento para poder aceptarlo, sin imponer nada.

Ojo no es cuestión de sentarnos en el sillón y esperar que toquen el timbre ofreciéndonos el trabajo del Siglo.

Se trata de que adquieras la confianza en ti y en la vida, porque así todo lo que hagas será un paso adelante hacía tus objetivos, sabrás o aparecerá en cada momento una señal, en forma de persona, anuncio de radio, cartel en la calle que te indicaran el camino.

Disfrutar del trayecto, del camino a lograr lo que deseamos es lo que realmente hace que la vida sea interesante, ¿cuántas veces has deseado algo y en cuanto lo has tenido ha perdido su magia?

Necesitamos tener metas y objetivos, forma parte de nuestra naturaleza, aun así no te conviertas en un esclavo de tus posesiones, disfruta de lo que tienes y del camino que te lleva a avanzar.

Por ejemplo yo llevo pintando desde muy niña, terminé estudiando bachiller artístico y me quedé a las puertas de entrar a la universidad de Bellas Artes y ser profesora de pintura que era mi deseo, pero por "casualidades" de la vida, encontré una asociación de pintura en el sitio al cual nos acabábamos de mudar, cuando finalicé mis estudios.

Me apunte para asistir a las clases que daba un pintor y prepararme para volver a examinarme al año siguiente.

No recuerdo qué o como pasó, pero un día hablaron de atraer a los niños a la asociación, formando un grupo de clase de pintura para ellos, terminé siendo su profesora.

Empecé con cinco niños y a los cuatro años eran unos cincuenta, además de dar clase dos días a la semana en dos colegios.

Fue una de las experiencias más gratificantes de mi vida y me demostró que las limitaciones que nos imponemos a veces como:

"No tengo los estudios necesarios", "soy demasiado mayor, joven, fea, gorda, torpe..."

No son más que eso, limitaciones que hacen que nosotros mismos nos neguemos la posibilidad de hacer realidad nuestros sueños.

Una de las primeras cosas que hacemos cuando estamos mal es cerrar nuestra creatividad, por lo que si tenéis algún hobby, montar puzles, pintar, coser, escribir, la cerámica, cualquier cosa que os relaje por unos momentos, no lo dejéis.

No sirven excusas como "es que no tengo tiempo, los niños, la casa, el trabajo, etc."

Si no te tomas tú ese tiempo para ti, no lo hará nadie más, repito lo de antes, para poder hacer felices a los demás, primero hemos de ser felices con nosotros mismos, así que si no puede ser todos los días, al menos cada dos días tomate unos minutos para ti mismo.

Emociones negativas/positivas

Para tener una reserva de positivismo en esos días en los que parece que nada nos puede alegrar os invito a que hagáis una lista de todo aquello que os hace sentir maravillosamente bien, de forma que podáis recurrir a ella para esos momentos.

Lo que me hace sentir MARAVILLOSAMENTE bien es:

Pasear por el bosque
Ir a la playa
Jugar con mi perro/mi gato
La jardinería

Caminar
Ir en bici...

Adelante busca que es lo que te hace sentir de maravilla y ponlo en práctica, verás que cuanto mejor te sientes, más ligera emocionalmente te encuentres, más fácil será para ti relacionarte con los demás y administrar tu tiempo.

Otra de las cosas que me limitaban era que creía que para poder hacer realidad muchos de mis deseos necesitaba que me tocara la lotería.

Volviendo al tema de mi pasión por la pintura, siempre decía...

Capítulo **9**

"Cuando me toque la lotería montaré mi propia academia"

El caso que cuando cerré las puertas de mi comercio porque ya suponía más perdidas que ingresos, trabajaba por las mañanas como secretaria, las tardes las tenía libres, así que una tarde asistí a una clase de Yoga.

Nunca lo había practicado, aunque había leído sobre sus beneficios para el cuerpo y la mente, por lo que me apunte a una clase con mi Maestra de Reiki desde hacía un par de meses.

Otra actividad en la que me inicié **el Reiki,** para relajarme y así calmar todo ese estrés acumulado por mis problemas y que me ha reportado muchos más beneficios de los que nunca pude imaginar.

Gracias, gracias, gracias, creo que nunca me cansaré de agradecer todos los beneficios que el Reiki me ha aportado a mí, a mi familia y a mis clientes.

Hoy 8 años después soy Maestra de Reiki y es algo que recomiendo a todo el mundo, que al menos se inicien en el primer nivel.

Bien, volviendo a mi primera clase de Yoga, llegó el momento de la relajación y meditación final y como un rayo atraviesa una tormenta me llegó un flas.

No podía creer como no se me había ocurrido antes, salí de allí pletórica y hasta abrumada por lo tonta que había sido, al esperar tanto tiempo para hacer realidad mi sueño.

Y es que me vino la afirmación de que para qué necesitaba la lotería, si ya tenía un local de 200m2 para montar mi soñada academia.

Así, cree mi Academia Ilusiones, donde además de dar clases de pintura durante año y medio, aproveché el espacio para también usarla como sala de exposiciones, me costó bien poco, creo que unos 25€ entre el bote de pintura de pizarra y algún rollo de papel para forrar las paredes y que pudieran pintar los niños.

La mayoría de las veces las cosas son tan simples, que hasta da vergüenza cuando uno se da cuenta de que tiene la solución y las herramientas ante su cara y la ceguera mental no le permite "ver".

Ya lo decía Einstein:
No se puede solucionar un problema desde el mismo lugar en que se creo

Si estas pendiente de lo que no tienes o te falta seguirás en el mismo lugar, deja de darle vueltas a lo que careces y céntrate en el resultado final de lo que deseas, al final lo que necesitas te irá llegando sólo.

Desde entonces cada vez que he deseado algún cambio en mi vida, he parado durante unos momentos para dejar de pensar en cuanto dinero necesito para realizarlo y observar que es lo que tengo alrededor que me puede ayudar a dar el primer paso, para comenzar.

Vivimos en un momento de la historia del planeta en que se da mucha importancia a lo material y hemos llegado a la conclusión de que si necesitamos algo, ha de costar dinero, mucho o poco, dinero.

Cuando en realidad no es así, hay mucha gente que vive de sus recursos, reciclando materiales y consiguiendo crear algo único.

Tu tiempo, las emociones que generas en otros esas no se pueden pagar con dinero, ni tienen porque costar un duro.

Cuando descubrí el libro El Secreto tuve claro que quería compartirlo y que llegara a cuanta más gente mejor, así empecé mi blog hace 8 años compartiendo todo lo que hoy te cuento en este libro de manera gratuita.

He recibido en estos años miles de emails pidiéndome algún consejo, un ejercicio, un libro y lo he compartido todo sin costo

y con ilusión, pues los mensajes de agradecimiento bien valen
eso y más.

Haz un planteamiento de que necesitas para lograr tus
objetivos y observa que puedes necesitar que ya tienes o que
puedes intercambiar con otros.

El trueque sigue siendo muy común hoy en día, tú me das algo
que yo necesito y yo a cambio te doy lo que a ti te sirve.

Prueba a preguntar a esas personas que pueden ayudarte si
están dispuestas a realizar un trueque puede que te sorprendas
y si te dicen que no, busca otras, a veces una negativa nos está
dando la oportunidad de conocer otras posibilidades que nos
convienen mucho más.

Capítulo **10**

Metas, metas, metas

Una vez he ido aprendiendo a soltar lo que deseo sin la
necesidad de manipular el resultado, me han ido llegando
muchas de las cosas que he deseado.

Hemos de plantearnos una meta (DESEAR)
Hay que hacer lo necesario para conseguirla (BUSCAR,
ESTUDIAR, FORMARNOS...)
Hay que abrirse a recibir (ESPERAR, PACIENCIA, FE,
CONFIANZA)
Al final (DISFRUTAR DEL RESULTADO)

La importancia de tener metas

Cuando no tenemos perspectivas para el futuro, cuando
sentimos que no hay nada que esperar de la vida, lo cierto es
que se hace muy difícil levantarse de la cama y vivir, por ello es
tan importante el tener sueños, metas, deseos.

No se trata de tan sólo desear y esperar a que ocurra sin más,
cierto que en ocasiones no hará falta que hagamos mucho para
que se materialice lo que deseamos, de lo que se trata es de
buscar causas por las cuales disfrutar de cada día.

Una vez que tienes claro lo que deseas, llega el punto en el cual
fallamos más, que es el que necesitamos hacer para lograr lo
que deseamos.

Si no tenemos dinero creemos que necesitaremos ganar más
para obtenerlo por lo tanto tendremos que trabajar más y eso
hará que estemos más estresados y no tengamos tiempo y....

Bien, como habréis notado ya sólo de leerlo es para sentirse mal
y estresarse, yo lo que os propongo es que una vez tengáis
identificadas las metas por ejemplo la de conseguir una pareja,
en vez de buscarla en lugares donde sabéis que es más
complicado hallar a alguien que merezca la pena, como
discotecas o salas de fiestas.

Os propongo que una vez identificadas las características de la persona que queréis, busquéis sitios con gente en común a vuestros gustos.

Si os gusta el senderismo apuntaros a un club de senderistas
Si os apasiona el mar ¿Qué tal un club de vela?
Si os gusta la pintura, visitad exposiciones o id a clases de pintura.
¿Deseáis dedicaros a otra cosa, tener otro oficio?

Hoy en día con las nuevas tecnologías resulta más fácil estudiar sin tener que asistir a clases, así que esta la posibilidad de formaros desde casa y a vuestro ritmo sin dejar el trabajo que realizáis ahora mismo, incluso aprender de manera gratuita mediante tutoriales.

También podéis empezar a realizar pequeños encargos entre vuestras amistades o abriendo un pequeño perfil o como voluntarios para asociaciones, sed creativos y pensad en grande, poco a poco si dejáis de lado el ansia de los ingresos monetarios y trabajáis por el gusto de hacer lo que amáis veréis que llega el dinero sólo.

Si vuestro objetivo es perder peso y sentiros más sanos una manera muy sencilla de hacerlo es empezar por alimentaros bien, siendo cuidadosos de lo que coméis sin tener que pasar hambre, ir buscando actividades al aire libre que os gusten, no tiene porque tratarse de ir a un gimnasio y matarse horas sudando.

Si sois capaces de ir dando pequeños pasos para llegar a vuestra meta, sin fijaros en lo que os falta para lograrla y felicitándoos y premiándoos por cada nuevo triunfo os aseguro que un día habréis llegado donde deseáis sin daros cuenta.

Busca el apoyo de alguien en quien confíes y que pueda ayudarte a idear modos de lograr lo que deseas o puedes exponerlas en clase y que entre todos veamos cómo podemos ayudarte.

Os pongo un ejemplo:

Siempre me habían llamado la atención las Flores de Bach, pese a no haberlas probado nunca, me apasionaba el estudiar su combinación, para que servía cada una de las 38 flores, como recetarlas, el saber que no tenían efectos secundarios y no podía envenenar a nadie era un punto muy grande a su favor, viendo cuantos beneficios tienen.

Cuando realicé en 2009 mi formación como Hay Teacher, formación basada en la filosofía de Louise Hay, os repito, una de las mejores autoras de autoestima que existen para mi, hicimos un Mapa de los Deseos y en él plasmé que deseaba formarme en Flores de Bach en un plazo máximo de 3 años.

Bien aquel verano que no trabajé y me lo tomé de relax, estuve investigando, mirando bastantes webs sobre cursos online para formarme como Terapeuta Floral, ya que donde vivo era según mi creencia bastante complicado encontrar un curso sobre el tema.

El caso que todos se salían de mi presupuesto, así que recordándome que una vez hecho lo necesario (buscar información y cursos sobre lo que deseaba estudiar) me tocaba soltar y dejar que todo llegara en el momento ideal para hacerlo.

Me llegó un año después, a través de una amiga con la que iba a hacer mi tercer nivel de Reiki, tuvimos que posponerlo ese fin de semana por qué…

¿Adivináis el que?

Iba a haber una formación en Flores de Bach presencial, por un precio muy por debajo del que me pedían normalmente y en un horario compatible con mi trabajo.

Así fue como me formé con una persona maravillosa en Flores de Bach.

No cuando yo estaba empeñada
No cuando no podía pagarlo a esos precios

Si no cuando tenía que ser.

Confié y llegó.

Otro ejemplo:

Una persona con problemas de peso, por ejemplo puede pensar "claro y porque tú lo digas yo pienso que soy delgada y voila".

Sé que es difícil de creer y no quiero que nadie se sienta ofendido por alguna de mis palabras, porque no es mi intención, pero se está hablando mucho, que la mayoría de los casos de obesidad, son debidos a problemas emocionales, que la grasa es una defensa exterior al trauma que tenemos en nuestro interior.

Se necesita ese exceso de peso para "protegernos" de nuestros miedos, sean estos conscientes o inconscientes.

Para todas estas cosas que yo estoy diciendo os recomiendo que os sentéis y seáis sinceros con vosotros mismos, puede que sea un trauma infantil que no recordáis o una situación traumática que os hizo empezar a engordar.

Puede deberse también a un mal Feng Shui en tu casa, de hecho si lo primero que ves al entrar en casa es la cocina o la nevera, tu inconsciente recibe la señal de:
¿Tengo hambre? ¿Tengo sed?

Para Feng Shui es muy importante los mensajes subliminales que recibimos de los objetos que nos rodean en nuestro entorno, así como los colores, las formas, los olores, lo sonidos, ya que estos pueden estar apoyándonos en nuestra vida o no.

Si no eres capaz de saber qué es lo que hace que engordes porque forma parte de tu inconsciente, existen terapias que pueden ayudarte a sacarlo a la consciencia, como son la Hipnosis.

Lo primero es curarse por dentro para que esto se refleje por fuera, tratad de meditar, sentaos en un sitio tranquilas o tranquilos y pensad cual es la causa o el momento en el que empezasteis a engordar.

¿Fue por algún tipo de disgusto?

¿Ya de pequeños estabais gorditos?
 ¿Había algún problema en casa que hiciera que os volcarais en
la comida? ¿Algún desengaño amoroso?
¿Siempre os han dicho que eres como papa o mama o la abuela
o el abuelo?

A veces por fidelidad tendemos a repetir muchos de los errores
o patrones de nuestros padres o de las personas que
consideramos importantes en nuestra vida y a tratar de ser
como ellos.

Sea lo que sea, ha llegado el momento de pediros perdón, de
superarlo y dejarlo atrás, hablad con alguien de confianza de
ello, si no podéis hablarlo, escribid sobre lo mal que os sentisteis
y de cómo os llevo a comer de modo compulsivo, asumid que
pertenece al pasado, que ya es momento de dejarlo atrás y
mirad hacía adelante, pero sobre todo disfrutar de hoy, de este
modo le quitareis toda la importancia que pudo tener en su día.

"Perdóname, por haber provocado esta situación, por
esconderme tras esto, ayúdame a salir, te amo, Gracias"

Es posible perder peso con la Ley de Atracción, conozco
personalmente a personas que lo han logrado, solas o con ayuda
de especialistas, psicólogos, terapeutas, amigos, busca apoyo
siempre que te veas incapaz de hacerlo sola o solo.

Lo primero es estar seguros que queréis y deseáis adelgazar,
para atraer algo debéis comprometeros con ello, esto no es
como empezar una dieta y dejarla porque llega el fin de semana
y ya empezaremos el lunes....

Os propongo que lo intentéis, primero mentalizaros, decidid
perder peso, tomad conciencia de que lo vais a lograr,
proclamad bien alto delante de un espejo y mirándoos a los
ojos.

"Yo Soy....Kg. (el peso que deseáis tener), soy sana y me siento
sana, disfruto de mi cuerpo y me quiero, en armonía conmigo
misma, gracias"

Ahora toca ponerse en marcha, empieza el momento de ir hacía nuestro sueño de ser más delgadas.

¿Cómo? Pues yendo hacia ello, comprometiéndonos, no saboteando lo que hemos pedido, primero olvidar la bascula en el plazo de un mes, nada de ir cada día a ver qué pesamos.

Comienza a comer sano, no se trata de hacer régimen y pasar hambre, pero podemos comer y alimentarnos sin pasar hambre, olvida lo de picar entre horas, deshazte del azúcar, dosifica las dosis, sé más consciente de que tu cuerpo es una parte importante de ti, cuídate, verás que el simple hecho de saber que te estás cuidando porque te quieres, aumentará tu autoestima y favorecerá el resto.

Ponte en manos de un experto, si tú misma no sabes por dónde empezar, hoy en día hay muchos nutricionistas y muchas posibilidades de crear tablas acordes con cada persona y situación.

Haz ejercicio, no te digo que vayas corriendo a un gimnasio para sudar la gota gorda, ¿por qué no andas un poco cada día?, una hora en la que puedes pasear mirando escaparates o por el bosque, la playa, la montaña y te hará sentir mejor.

Busca a alguien que te ayude y te apoye en esta nueva meta, una amiga, una nutricionista, coméntalo con tu médico de cabecera, coméntale si puede derivarte a la enfermera para que te lleve un control semanal.

Rodéate de imágenes que te recuerden el cuerpo que deseas o el peso al que quieres llegar, plantéate metas reales a tu estructura corporal, así coloca las imágenes frente a tu cama que sea lo primero que veas al acostarte y al levantarte.

Realiza una limpieza de armario y nevera, líbrate de todo lo que ya no usas desde hace tiempo, ordena tus cajones, deshazte de la comida que no te beneficia, envía el mensaje al Universo de que estas dispuesta a poner de tu parte.

Todo esto que te he dicho son ejemplos, ideas, pero cada uno a hacer aquello que haga que se sienta mejor y le dé resultados, podéis estar seguros que en un mes veréis resultados, porque confiáis en qué vais adelgazar y porque os estáis poniendo en marcha que es la Ley de Causa y Efecto, si no es así el primer mes, nada de tirar la toalla, pensad en que lleváis muchos años sin cuidaros, igual os lleva un poco solucionarlo.

Recordad que debemos ser positivos y para eso debemos hablar bien, dejar a tras comentarios como, "es que eso no me va a mí, porque estoy gorda" "¡Uy! yo ahí no entro, eso es para sílfides".

Volveros sordos a toda esa publicidad que hace que nos sintamos peor, cambiad de canal si es necesario, tararear algo que os aparte de ese bombardeo de información que os hace sentir mal.

Es momento de ir a ver tiendas y mirar con ilusión esa ropa que tanto nos gusta, pero que siempre dejamos de lado porque nos sentimos culpables, miradla, tocadla, imaginaos como os sentará puesta, lo guapos o guapas que estaréis cuando entréis dentro y que será dentro de muy poco tiempo.

Si tenéis alguien que os pueda ayudar en este proceso, que os apoye y os anime, adelante que lo haga, si no estáis seguros, de que la persona que está con vosotros os vaya a apoyar y no a hundir con comentarios sarcásticos, por muchas ganas que tengáis de contarlo no lo hagáis, porque parece que no, pero un comentario sarcástico, puede minar toda vuestra confianza.

Así que recordad, repetid vuestras afirmaciones cada día, perdonaros y sed flexibles con vosotros.

Yo misma empecé después de tener a mi hija y no me he castigado por engordar una semana, si no que me he felicitado siempre que he perdido peso y así llevo 8 meses, paso a paso, recuperando mi peso ideal y un poco más.

Capítulo 11

"Es de bien nacido ser agradecido"

Este es uno de esos dichos que no nos dejan inmunes, porque dice una realidad como un templo.

Es una pérdida de energía quejarse porque las cosas no salen como queremos, porque no somos como esperamos, porque no tenemos lo que deseamos.

¿Cómo os sentís cuando estáis con alguien que no para de quejarse?
Mal ¿verdad?

Yo desde luego no lo soporto, una cosa es que estemos con una amiga o amigo el cual nos cuente algo que le ha ocurrido y otra estar con personas, que se quejan constantemente de otras o de sus situaciones o circunstancias, que siempre tienen un culpable, al que responsabilizar por todo lo que les pasa en la vida, huid de ese tipo de gente, porque lo único que hacen es absorber vuestra energía y dejaros sin fuerzas.

No importa cuántas soluciones podáis darle, ellos siempre encontrarán la excusa perfecta para no hacer nada y continuar igual.

Yo conozco gente, con la que a veces quedaba, que cuando las dejaba y me marchaba a mi casa, me preguntaba ¿por qué no escarmiento?

No me aportaban nada y consumían la poca alegría con la que iba a verlas, me dejaban durante un tiempo, sin fuerzas.

¿Cuántas personas conocéis que cuando les ofrecéis una mano no la quieren?

Haberlas las hay...

Rodearos de gente positiva, que valore lo que tiene, que disfrute de la vida y haga que os sintáis felices por lo que realmente tenéis, para estar agradecidos de vivir esta vida, haced una de esas famosas listas que todos nos proponen, ya sea mentalmente o por escrito de todo por lo que podéis dar gracias en esta vida.

Gracias por mi hija que crece sana y feliz.
Gracias por tener unos padres como los míos.
Gracias por la felicidad de mi hermano, mi cuñada y mi sobrino.
Gracias por el día tan soleado que hay hoy y me levanta el ánimo.
Gracias por la capacidad de disfrutar con este libro.
Gracias por que la Ley de Atracción me haya encontrado.
Gracias por mi sofá, en el que me siento tan a gustito.
Gracias porque tengo una casa donde vivir.
Gracias porque tengo un trabajo que me gusta.
Gracias por el éxito de mi trabajo.
Gracias por los ingresos que crecen a diario.
Gracias por todos y cada uno de los días de mi vida.

No penséis en aquello que os falta, sino que dad Gracias por aquello que sí tenéis.

Si no sabes que es lo que deseas como le pasaba a una de mis amigas, hacer una lista de aquello que no nos gusta, para luego poner al lado aquello que sí nos gusta o tenemos.

Te recomiendo que esta lista la hagas para definir qué es lo que deseas en la vida, ya que a mí me hacía sentir mal, escribir todo lo que no quería, por lo tanto escribe la lista, define lo que deseas y tírala.

Sé que para muchos es difícil y supone un esfuerzo bestial si está mal económicamente, sonando el teléfono con llamadas de proveedores, recibiendo facturas y notificaciones, ponerse a hacer una lista de lo que no tengo, dinero y dar gracias por el resto.

Os puedo asegurar, porque yo ya pase por ello, que si se puede dar gracias por cosas que aún no han pasado y que ocurran al final.

Si agradecemos todo, incluso podemos sentirnos ligeramente mejor

Para aquellos que les cuesta remontar el ánimo, después de hacer el repaso de todo lo que tanto miedo da, nos falta y acongoja.

Una de las herramientas que usaba y me resultaba más fácil, aumentando mi fe y mi vibración era el pensar en aquello que tenía y en aquello que deseaba tener, sin pensar en lo que me faltaba, que ya lo tenía muy claro.

Puede que parezca complicado eso de pensar en lo que deseo y no en lo que me falta.

Pues es bien distinto, por ejemplo:

Yo pensaba en que tenía 2.000€ y daba gracias por ello.

Sin pararme a pensar que los necesitaba para pagar esto o lo otro, que era lo que hacía que entrara en miedos y carencias.

Así piensa en lo que deseas, no en lo que te falta y que sin ello no puedes estar.

Es como imaginar que te comes un helado, puedes sentir su cremosidad, su frio, su dulzor, sin pararte a pensar que no tienes dinero para comprarlo o no quedan en la tienda.

Para referirnos a nuestros deseos debéis olvidar frases como:
Cuando tenga esto....
Si Dios quiere......
Ojalá algún día.....
Si él hiciera eso....

SE ACABÓ con todas estas frases estáis poniendo en duda que algún día llegue lo que queréis, además de pensar de modo positivo, tenéis que hablar de manera que no haya duda de que lo que estáis nombrando ya es vuestro, que está en camino.

Esto es algo complicado para muchos, si os sentís ridículos haciéndolo, es porque aún hay algo que interiormente se resiste al cambio, repetid las afirmaciones hasta que no notéis ninguna resistencia o incluso mira a ver si es que redactándolas de otro modo te hacen sentir mejor.

A veces utilizamos vocabulario que lleva para nosotros un doble significado y que no nos ayuda.

De hecho la palabra Felicidad no significa lo mismo para todo el mundo, cada uno tenemos asociado una serie de circunstancias que han de darse para sentirnos felices.

Esto es algo que aprendí cuando hice el Practiconer de PNL o Programación Neurolingüística, os lo recomiendo, saber sistema de representación es el nuestro nos ayuda a entender porque nos comportamos como lo hacemos y muy importante también a reconocer con que sistema se representan las personas que nos rodean y como comunicarnos con ellas.

Yo por ejemplo soy Visual, con lo cual tengo mucha memoria fotográfica, para mí una imagen vale más que mil palabras y a la hora de reforzar mis metas a mí alrededor, lo hago con imágenes que representan lo que deseo.

Tengo todo lo que necesito y doy gracias porque el resto ya está en camino.
Yo Soy próspera y afortunada, Gracias por todo.
Yo Soy Feliz y disfruto de mi pareja y del amor que compartimos (aunque no tengáis si es lo que deseáis)
Gracias porque él está en camino.
Yo Soy sana, me siento bien, fuerte y saludable, Gracias.

Estad seguros que os sentiréis mejor y en esos momentos de duda repetíos estas afirmaciones o aquellas con vuestras propias palabras, que os hagan sentir mejor y dejar de lado cualquier pensamiento negativo que esté molestando.

Recuerda respirar antes, así una parte de esa emoción negativa se irá.

"Me perdono por estos pensamientos negativos que me alejan de mi deseo y los cambio por pensamientos positivos, me Amo y me Acepto tal y como soy, Gracias"

Repetíos estas afirmaciones cuantas veces os hagan falta, podéis inspirar con la frase y expirar imaginando que lo malo se va con el aire que habéis soltado.

"Elijo ser positiva y feliz"

Para saber si están funcionando las afirmaciones, estad pendientes de cómo reacciona vuestro cuerpo, si os sentís bien tranquilos, llenos de energía, vamos bien.

En cambio si sentís algún tipo de tensión u agobio, posiblemente estéis usando palabras que para vosotros no tienen el mismo significado que para mí, así que acomodarlas según vuestro vocabulario, siempre positivo.

Capítulo *12*

¿Que siento?

Es importante que para que aquello que deseamos llegue a nosotros, hacer una buena limpieza interior, no se trata de purgarse, ni nada parecido, sino de perdonarnos y perdonar a todo aquel que nos ha podido hacer daño en algún momento de nuestra vida.

Puede ser cualquiera, desde aquella niña que en el colegio nos molestaba continuamente y enfrentaba con las demás, hasta el contable que no te hace las cosas como debe y te hace enfadar, tu ex pareja que tantas lágrimas te hizo derramar, aquel jefe que te faltaba el respeto, tus padres, los niños que te herían con sus comentarios, tus hermanos o familiares que no han sido como esperabas que han de ser.

Para saber si estamos guardando rencor a alguien, piensa en esa persona y estate pendiente de qué sientes, no te altera nada

¿O en tu interior sientes un calor, un dolor, una alteración?

Siempre para saber en qué grado estamos, fíjate en tus sentimientos, en cómo reacciona tu cuerpo, entonces sabrás como te afecta y si guardas algún tipo de rencor, miedo, resentimiento, amor.

Sé que es difícil perdonar a personas que nos hirieron de alguna manera en el pasado, es algo importante pues están absorbiendo demasiada energía que podríamos aprovechar de una manera positiva para ser felices y lograr nuestros sueños, fijaos lo felices que son los niños porque no guardan ningún tipo de resentimiento hacia nadie.

Ellos se enfadan porque otro le quito su juguete y al rato están los dos juntos jugando con él.

Este es un punto muy complicado para algunos, incluso a mi me ha costado con alguna persona, aunque al final os puedo asegurar que uno se siente mucho mejor.

No se trata de que justifiquemos lo que nos hicieron, perdonar es simplemente soltar esa historia que nos está provocando un "peso" que no nos deja avanzar, soltar esa mochila que a la larga puede llegar a afectarnos enfermando y vivir la vida que deseamos sin que su presencia continúe doliendo.

Por un momento imagínate que ya eres muy mayor y recordando tu vida que quieres que componga esos recuerdos.

¿El odio y rencor por lo que nos hizo alguien en un momento dado?

¿O la alegría de tantos buenos momentos con gente maravillosa que has ido conociendo todos esos años?
Si no dejas espacio para que entren otros porque estas demasiado "lleno de odio" te perderás magníficos momentos y personas.

Ahora relájate y piensa en alguien que os hirió.

¿Quien provocó la situación?
¿Quien se expuso para que le hirieran?
¿Quién permitió que le afectara lo que esa persona decía o hacía?

Nosotros mismos, así que además de perdonar a esas personas, hemos perdonarnos a nosotros mismos, porque sabemos que en el fondo nos sentimos responsables de lo que nos afectó, sí, lo siento pero es así, tranquilo.

Cuando alguien hace algo y no le damos importancia, no tiene ningún valor para nosotros, no nos duele, ni nos ofende, no tiene ningún poder para hacernos daño, en cambio si nos centramos en lo ocurrido, estamos dando un valor y una importancia, que puede llegar a destruirnos.

La mayoría de los reproches que tenemos son para nosotros mismos por lo ocurrido, creemos que si hubiéramos hecho las cosas de otro modo, no nos habrían ocurrido y el caso es que todo lo que nos ocurre es necesario para ser lo que somos hoy y lo que seremos mañana.

Así que perdonaos por haber permitido que lo ocurrido os afectase hasta doler.

"Me perdono por permitir que doliera, por dejar que me quitara el sueño, por la tristeza que siento. Gracias"

"Me perdono por permitir que ocurriera, por favorecer lo ocurrido. Gracias"

Relájate, céntrate en tu respiración pausada, inspira y espira por la nariz, haz una lista de aquellas situaciones o personas que te han hecho sentir mal, que te han menospreciado de alguna manera, te vas a sorprender de hasta qué momento puedes llegar a retroceder en tu memoria.

Yo la primera vez que lo hice, ya te lo conté al principio, llegué a cuando en quinto de EGB, un profesor me dijo que yo no llegaría nunca a nada o cuando en catequesis el cura me dijo que mi perro, un pastor alemán al que quería con locura, no sentía nada por mí, sólo el agradecimiento por darle de comer.

Puede que ahora, hoy a mi edad, se vea como algo absurdo, pero cuando eres un niño pequeño, que absorbes toda la información que recibes, puede llegar a marcar de alguna manera, así que viendo que he sido capaz de recordar dos casos, que ocurrieron hace tanto tiempo y que estaban en mi memoria, aunque yo ni lo recordaba, tengamos cuidado con que inculcamos a los niños.

Ya los he perdonado y me he perdonado a mi misma por dejar que esos sentimientos de rencor, por sus palabras, siguieran ahí después de tantos años, la verdad que para una persona como yo, que siempre me he creído incapaz de odiar a nadie, de guardar rencor, esto me sorprendió mucho.

Por lo que recomiendo que hagas una buena limpieza interior, de vez en cuando, pues puede haber muchas situaciones o personas de vuestro pasado que siguen estando ahí, sin que lo sepáis.

Puede que haya algo en vuestra vida, que os este bloqueando,
para que lo que tanto deseáis no llegue a vosotros, cuando debe
o no llegue nunca.

Libros sobre el perdón:
Dieta del Perdón de SONDRA RAY
Perdonar de Robin Casarjian

Capítulo *13*

Me acepto tal y como soy

Una de las causas de enfermedades, es el odio, el estrés, dicen que el exterior es un reflejo de nuestro interior, ya antes os comente el tema de la obesidad, pero ocurre con todo, la falta de amor, de dinero, de salud, es porque algo dentro de nosotros está sufriendo y hay que curarlo para poder tener lo que tanto añoramos.

En muchas ocasiones nosotros mismos boicoteamos lo que tanto queremos porque en nuestro subconsciente tenemos grabadas proclamas que estuvimos absorbiendo de pequeños.

Porque nos empeñamos en cambiar las cosas que ya han ocurrido y no tenemos posibilidad de cambiar.

¿Qué tipo de educación recibías de pequeño con respecto al dinero?

 ¿Era algo que faltaba siempre en vuestra casa y vivías temeroso de no tener nunca suficiente?

 ¿Te repetían continuamente que para tener o ser algo en la vida había que trabajar mucho?

¿O que lo que tenías que hacer era estudiar una carrera y así conseguir un buen empleo?

Conozco a personas a las que desde pequeños les enseñaron que lo que debían hacer era estudiar y buscar un trabajo fijo y seguro.

Que el arriesgarse era para otros, no para ellos, son gente inteligente, con una buena carrera o varias, buenas ideas, pero sin iniciativa para llevarlas a cabo, porque sienten miedo a arriesgarse, siguen siendo mentalmente como sus padres les enseñaron, incluso inculcan a sus hijos lo mismo.

Es cierto que tienen una vida segura y tranquila, al menos en apariencia porque nada es seguro y estable, la vida está en constante cambio, lo que hoy somos no seremos mañana, nuestra células están cambiando constantemente, las plantas, la naturaleza, todo sigue un movimiento aunque sea imperceptible a simple vista.

 ¿Pero son felices? Pues no, porque sienten que están a medias que les falta algo, porque no son capaces de luchar por sus sueños.

Hay otras gentes que se pasan la vida trabajando, iniciando negocios que se van a la ruina continuamente, son gente que siente interiormente que no merecen ser millonarios, porque desde pequeño les dijeron:

"Mira a Fulanito, tiene de todo pero no es feliz, a saber que ha hecho para tener tanto, seguro que lo ha ganado de forma ilegal, los ricos son gentuza"

Este tipo de comentarios despectivos hacía aquellos que tienen dinero, por simple envidia, oídos desde la infancia, crean un chip interior en nuestra cabeza que dice que si nosotros nos hacemos millonarios seremos malas personas, así que muchos antes de llegar a ser malas personas se las arreglan para perderlo todo,

"Pobres pero Honrados"

Incluso ahora con el auge que está teniendo el ser una persona espiritual, algo que en mi opinión y la de muchos, no está para nada reñida con tener dinero, me he encontrado casos en mis talleres de personas que pierden constantemente su trabajo o que se dedican a trabajos que no les gustan y no avanzan porque sienten que si tuvieran dinero, se convertirían en alguien vengativo y odioso.

Cuando en verdad es precisamente ese odio y deseo de venganza lo que les impide tener la estabilidad y hacer lo que desean.

Los que más tienen, suelen ser los que más dan, si quieres Amor da Amor, tú lo sabes, sabes que es cierto, que cuando mejor persona te sientes, más recibes, más te aprecian los demás.

Si quieres dinero, da dinero, ayuda a alguien que lo necesite, que se te devolverá más de lo que diste, el Universo te lo traerá.

Aquel que da con segunda intención, ha de saber que no funciona, ya que es la emoción la que marca lo que vamos a atraer, así si en tu interior estas tratando de manipular a otra persona o situación con el único objetivo de beneficiarte de manera egoísta, no te extrañe si te sale al revés de lo que esperas.

Eso de que por ser bueno te hacen daño, no es más que una creencia que has ido adquiriendo en tu vida, cuando la cambias verás que hay gente maravillosa que merece la pena y que te devolverán con creces todo lo bueno que haces.

Yo misma me encuentro con gente maravillosa en mi vida, también hay gente con la que no congenio mucho, aunque es la menos y siempre me sirven para ser consciente de que igual no estoy siendo muy tolerante o me muestran en que no deseo convertirme.

Capítulo *14*

Envidia, no te compares

Definición de Envidia: La **envidia** es aquel sentimiento o estado mental en el cual existe dolor o desdicha por no poseer uno mismo lo que tiene el otro, sea en bienes, cualidades superiores u otra clase de cosas.

A esto añado que ninguno estamos libres de esta emoción, ya que en algún momento la baja autoestima puede llevarnos a la comparación con otros, con lo cual supone un sufrimiento excesivo pues siempre veremos al otro como alguien mejor que nosotros.

Así, busca no fijarte en aquel que te causa dolor hacerlo, trata de hacer tu propio trabajo sin prestar atención a si otros lo hacen mejor que tu o tienen más éxito.

Posiblemente te sorprendería saber que aquel a quien más envidias igual se siente tan indefenso o tiene tantas dudas como tú, sólo que no eres capaz de verlo o saberlo porque estás centrado en la parte que a ti te hace sentir mal.

En el momento en que dejas de compararte y comienzas a trabajar para lograr lo que deseas sin fijarte en si otro lo hace mejor o peor que tu, es cuando comienzas a realizar un trabajo de excelencia.

Recuerda que vibramos constantemente y que atraemos aquello en lo que estamos más sintonizados vibratoria-mente, así aquellas personas a las que deseas ofrecer tu trabajo perciben si haces lo que haces porque te apasiona o porque deseas ser mejor que otro y satisfacer sólo tu Ego.

Sólo cuando estamos en Paz con nosotros mismos estamos en Paz con el Mundo en el que vivimos. Te invito a que pruebes a trabajar ignorando como lo hacen otros para compararte y comiences a centrarte a realizar un trabajo dando lo mejor de ti.

Toma nota de esas emociones o momentos en que te estás comparando con otra persona.

Escribe una carta diciéndole que sientes, como te duele, como te gustaría ser a ti, agradécele que te sirva de ejemplo de lo que deseas lograr y de que gracias a su persona, ya sabes que deseas mejorar en ti, sin menospreciarte.

Si no siendo consciente de que esa persona es un regalo pues te ayuda a desear avanzar dale las gracias y quema la carta.

Escribir cualidades positivas y dedicar un día para cada una

Todos somos perfectos, fantásticos, maravillosos y llenos de Dones que nos negamos o nos negaron de pequeños y les creímos.

Que tal que durante una semana la dediques a describir aquellas cualidades positivas que tienes o de las que más orgulloso te sientes, ya sean físicas o maneras de ser o algo para lo que eres fantástico haciéndolo.

Cada día busca la manera de mirándote al espejo recordarte lo bueno que eres en algo, repetirte esos atributos físicos de los que te sientes tan orgulloso.

Nada de buscar defectos o peros a nuestras cualidades positivas, sólo hablaremos frente al espejo de lo bueno, incluso lo escribiremos en tarjetitas decoradas que llevaremos encima y leeremos a lo largo del día.

Por ejemplo te encanta tu pelo, bien dedica un día a tu pelo a mimarlo, a disfrutarlo, a sentir que tienes el pelo más maravilloso del mundo.

Otro ejemplo sería tu sonrisa, bien dedica el día a sonreír a todo el mundo, a mostrar a los demás que maravillosa sonrisa tienes.

¿Te gusta tu manera de andar? ¿Los pasteles que haces?

Compártelos con tus compañeros de trabajo o tus vecinas o llama a tus amigos y haz una fiesta para que disfruten de tu arte culinario sólo por el simple hecho de disfrutar de algo que te gusta hacer en buena compañía.

¿Se te da bien pintar, cantar, bailar?

Venga dedica un día a lo que te gusta hacer y si tienes hijos hazles partícipes de tu hobby y si no quieren hazlo sola o con alguna amiga.

De lo que se trata es de que empieces a hacer lo que te gusta de verdad y te hace sentir bien, no sólo esta semana porque sea un ejercicio que te propongo o lo incluyo en mi Curso Creer es Crear, si no que lo hagas siempre que puedas, una vez que te acostumbras y recuperas el optimismo verás que no es tan complicado introducir el bienestar y lo que nos hace sentir bien en nuestra vida.

Además cuanto mejor te sientes, más situaciones atraes para sentirte bien.

La actitud que tenemos hacía las cosas es lo que nos dice si estamos bien o mal, si estamos en el buen camino o por el contrario vamos mal encaminados.

Cuando uno está enfermo y no hace otra cosa más que quejarse de lo mal que se encuentra, le está enviando al Universo, las ordenes de que somos enfermos y que queremos seguir siéndolo.

El Universo no distingue entre las frases positivas o negativas el NO, no existe para él, si decimos "Que mal me encuentro, tengo gripe, pero no quiero estar enfermo" ese "No quiero" el Universo lo interpreta sin el "No", así que se queda con el "Quiero".

Tenemos que vigilar nuestro vocabulario, que es el que marca lo que enviamos al Universo.

Conozco a algunas personas que constantemente se levantan quejándose de lo cansadas que están, del sueño que tienen, de que no quieren ir a trabajar, que se sienten enfermas y al final realmente se ponen enfermas y claro luego se quejan de la mala suerte que tienen en la vida.

Nada de utilizar frases con connotaciones negativas en nuestras frases.

Está demostrado científicamente, que aquellas personas que son optimistas ante una enfermedad, se curan antes y definitivamente, frente a aquellas que se lamentan constantemente de ella.

Si uno se centra sólo en lo malo, atrae más de lo mismo, sigue los tratamientos
necesarios pero además haz tu vida como si fueras sano, como si no te doliera nada.

¿Te sientes incapaz de hacer ciertas cosas?
¿Siempre te han dicho que tú no puedes?

Es MENTIRA todos podemos llegar a ser cualquier cosa, es cuestión de proponérselo, si te quedas sentada lamentando tu vida, esta no cambiara sólo porque te digas un par de veces al día que tiene que hacerlo, hay que ponerse en marcha.

Sal, arréglate, disfruta del aire en la calle, de la gente, sonríe a la vida, si es necesario apúntate a algún curso de risoterapia, clases de Yoga, Reiki, ves a conferencias sobre la Ley de Atracción, haz una sesión de coaching, etc.

 Hay muchas formas de buscar un apoyo, si nosotros solos no nos vemos capaces de superar las cosas.

He tratado de daros algunos ejercicios o ejemplos que os ayudaran a potenciar la atracción sobre vuestros deseos, unos míos y otros cogidos de todos los libros que he leído, pero con mis propias palabras.

Ejercicios para aumentar la energía que os darán la fuerza para atraer lo que deseáis.

Por lo que os propongo que hagáis una lista ya sea mental o escrita del motivo por el que creéis que estáis como estáis, la causa porque tenéis problemas de peso, de salud, económicos, amorosos....

Perdonaros de una vez, por como estáis en este momento y dad Gracias por todo lo que tenéis, es el único modo de estar preparados y receptivos para todo lo bueno que el Universo quiere traeros y no puede porque no lo admitís.

Escribid un diario en el que hagáis una descripción de lo bien que os sentís y de lo felices que sois porque ya habéis logrado aquello que tanto anheláis, si no os gusta escribir, imaginaos la situación sentid esa emoción, cada día dedicad un rato a ello, dad las gracias porque sabéis que está en camino, que ya es vuestro.

Buscad ayuda en personas afines a vosotros en este tema, veréis como a todos de
alguna manera el conocer la Ley de Atracción ha cambiado su vida a mejor, rodearos de gente que esté dispuesta a cambiar su vida, hay muchos foros y blog en Internet donde encontrar a gente que está descubriendo lo mismo que vosotros.

Capítulo *15*

Estamos creando constantemente, ya sea despiertos o mientras dormimos

Cread, la creatividad atrae, pintad si sabéis, aquello que tanto deseáis, haced un collage con fotos de aquellas cosas que deseáis, un coche, una casa nueva, un viaje, un chico o chica guapos, un cuerpo perfecto.

Muchas veces somos incapaces de mantener imágenes de lo que deseamos
mentalmente, porque son cosas que no hemos vivido, por lo que no tenemos conciencia de ellas, es imposible que podamos visualizar ganar millones cuando nunca lo hemos hecho, o ir a Paris cuando nunca hemos estado, pero si nos rodeamos de fotos, vamos a agencias de viajes, buscamos en Internet, será más fácil saber que es.

En páginas como Youtube o Yu.tv hay videos que sirven para visualizar, que además tienen frases y música que nos pueden ayudar a sentirnos bien, a visualizar mejor nuestros deseos, además de recomendaros la película El Secreto.

En todo esto hay un problema, algo que debemos tener en cuenta y que cuesta mucho superar, el no obsesionarnos por lo que deseamos.

Si, parece algo muy contradictorio, porque si estoy poniendo que hay que pensar en lo que deseo para atraerlo cada día y a la vez digo que no te obsesiones.

"¿me quieres volver loca o loco?"

No, aunque es lo mismo que pensé yo la primera vez que lo leí, es cierto, está bien desear, visualizar nuestros sueños, hacerlo con la seguridad de que ya son
nuestros que están ahí para nosotros, con la calma que da el saber que llegan, me explico.

Cuando estas esperando el autobús para ir a algún sitio, estas deseando que llegue para ir a ese sitio pero lo haces con la seguridad de que llegara, no te obsesionas, ni te alteras de manera obsesiva porque sabes que el autobús llega.

Es un ejemplo simple pero viene a ser lo mismo, podemos pensar en el autobús que nos llevará a donde queramos con la tranquilidad de que viene en cualquier momento, hagamos lo mismo con nuestro deseo, es "nuestro" ya, nadie nos lo va a quitar, ni pasará nada que nos lo fastidie, porque lo hemos pedido a quien debemos y él no falla, sólo que lleva su horario propio.

No os pongáis a pensar en cómo llegará a vosotros, eso demuestra falta de fe, es difícil dejar de controlarlo todo, a mi es algo que me costaba, somos a veces demasiado racionales, debemos aprender de nuevo a confiar, a tener fe, así que no os molestéis en como lo lograreis, ni como llegará a vosotros, eso dejádselo a ÉL.

Una manera de comenzar a tener la fe necesaria y confiar es anotar las cosas que te ocurren que deseabas, anota ese aparcamiento que has logrado cuando parecía imposible encontrarlo, anota la llamada que te ha llegado que tanto deseaste en el pasado, anota todo lo bueno que empieza a ocurrirte cuando dejas de querer manejar el resultado y llega lo que deseas sin más.

Una de mis peticiones para mi Mapa de los Deseos de 2009, era viajar a Paris, Italia, lo cierto es que ir al Louvre era mi pasión, así que lo puse en mis deseos a 3 años, lo dejé ahí.

Un día en el trabajo yo era de las pocas que tenía acceso a internet y llegó una de mis compañeras pidiéndome que mirara un vuelo a Paris pues tenía que ir a la boda de un familiar.

"Oh!!! ¿Vas a Paris?" "Sí!! ¿Te vienes?"
Mi corazón latía con locura, aunque era tan difícil...

Era difícil porque en nuestro trabajo el que nos permitieran faltar a las dos a la vez, suponía un milagro, lo cierto es que el precio era irrisorio, así que económicamente no suponía una traba.

Enseguida descarte la dificultad y me fui a proponerle a nuestra jefa que nos diera libre a las dos....

Di gracias todo el trayecto hasta su despacho, me sentía ya en Paris, mi sueño y así fue!!!

Viaje a Paris pude visitar el Louvre y otros más lugares maravillosos de esa ciudad, disfrute muy mucho y me prometí volver.

Cuando puse mi deseo en el Mapa no me agobié con la idea de cuándo o como iría, sólo sabía que sería así y me abrí a la posibilidad de que ocurriera, luego claro que tuve que pedir permiso, comprar el billete...

Capítulo **16**

Comienza paso a paso, como un bebe que aprende a andar, si te caes, Levántate!!

Uno de los primeros ejercicios que hice cuando descubrí la Ley de Atracción fue el de encontrar aparcamiento, si ya sé que suena irrisorio, pero yo he llegado a tener verdadera dificultad para encontrar aparcamiento algunos días, hasta que descubrí que sólo con pensarlo y tener la seguridad de que encontraré un hueco, no he vuelto a tener ese problema, probadlo enserio que funciona.

Hay que terminar ya con las frases preconcebidas que tanto nos bloquean y provocan estragos, por ejemplo.

Os habéis dado cuenta de que cuando nos compramos un coche nuevo, lo aseguramos a todo riesgo y estamos tranquilos y relajados porque tenemos la seguridad de que pase lo que pase estamos protegidos.

Pero...cuando cambiamos el seguro a terceros porque ya el coche tiene sus años, nos encontramos que de repente las esquinas nos buscan, nos golpean el coche y este empieza a tener abolladuras por todos lados, hemos dejado de tener la seguridad de que estábamos protegidos y atraemos todos esos golpes.

Pues con nuestros deseos pasa lo mismo, deseamos tener dinero y vivir tranquilos, por unos minutos logramos tener esa confianza de que así será, que dispondremos de todo lo necesario, pero de repente nos viene a la cabeza la letra de la casa, el recibo del teléfono, la luz, el agua, es seguro del coche, los libros de los niños, ALTO, parad, así no podemos crear esa confianza que tenemos con nuestro seguro todo riesgo.

Todos tenemos un Seguro a Todo Riesgo que nos protege, lo que hemos hacer es poner las cláusulas para que cubran todo lo que más tememos y una vez firmado sabremos que estamos cubiertos.

Como veis, yo os voy poniendo aquello que a mí me funciona,
pero cada uno de vosotros debe buscar lo que mejor le funcione,
pues de lo que se trata es de alcanzar la fe y la confianza
necesaria, para atraer vuestros sueños.

La impaciencia es uno de los motivos que más nos aleja de lo
que deseamos, es un síntoma de falta de fe, pero tenemos que
tener en cuenta que esta manera de obsesionarnos mirando el
reloj porque el autobús se retrasa no hará que llegue antes,
estamos demostrando con nuestra falta de paciencia que no
tenemos fe en que llegue.

Podemos aprender a relajarnos, a en momentos de agobio,
parar un minuto centrarnos en nuestra respiración relajada por
la nariz, hacer nuestras afirmaciones y cambiar la vibración
negativa que estamos desprendiendo a una más positiva.

Ayúdame a confiar, Gracias.

Capítulo *17*

Todos los tropiezos te ayudan a ver el paisaje desde otra perspectiva

Ocurre muchas veces que las cosas no salen como esperamos, si somos sinceros tendremos que admitir que aquello que logramos al final, es incluso mejor de lo que creíamos, en muchas ocasiones nos empeñamos tanto en desear cosas o personas que no nos convienen que somos incapaces de ver la realidad.

Es como cuando un niño pequeño se empeña en hacer algo y nosotros le decimos que no, evitamos que lo hagan, pero aún así el quiere hacerlo, al final aprende la lección solo, el día que lo consigue se siente decepcionado o duele.

El Universo además de proveernos de todo aquello que deseamos, se encarga de protegernos de lo que no nos conviene.

Es como el refrán que dice "no hay mal, que por bien no venga" a veces situaciones que nos parecen malas, esconden algo mucho mejor, "cuando se cierra una puerta, ciento se abren".

Si evitamos controlar todo, hasta la manera en que queremos que nos lleguen las cosas, podremos dejar trabajar al Universo para que el nos provea de todo, con esto no digo que haya que quedarse quieto esperando, ya antes os dije que no funciona así, que debéis ir en busca de lo que os interesa, para que se creen las situaciones necesarias para que lo tengáis.

Casi todos los libros que he leído ponen el ejemplo del coche, pensad en el coche que deseáis, soñad que ya es vuestro qué vais conduciendo con el por la carretera, visitad concesionarios que os dejen dar una vuelta con él o simplemente sentaros dentro y coger el volante, buscad folletos, mirad el equipamiento que queréis que lleve, hoy se pueden confeccionar los coches al gusto en las páginas de Internet de los concesionarios, esta es una manera de no quedarse en casa esperando.

Por ejemplo yo misma, durante muchos años desee volver a vivir en mi tierra, era algo que dolía, que ansiaba, iba los veranos y a la vuelta siempre acababa llorando.

Cuando me arruine, me empeñaba en buscar financiación, en mantener lo que tenía aunque no me gustaba, así cuando solté y deje de luchar, abriéndome a otras posibilidades, es cuando lo vendí todo, la idea era seguir allí buscando algo a lo que dedicarme, ni me plantee que era el momento de volver, hasta que mi padre me propuso la posibilidad de regresar.

Lo que tanto había soñado durante cerca de 20 años, al fin se hizo realidad.

¿Que sufrí, que lloré, que pasé miedo antes del resultado final?

Ni os imagináis, los últimos años antes de 2009.

Y lo que realmente agradezco el resultado final y todo lo que me llevó a él, sigo dando Gracias cada día.

No podemos usar esta Ley de Atracción para hacer daño a alguien o para controlar a otra persona, porque al final ese mal que queramos hacer vendrá a nosotros, igual que si hacemos el bien nos compensaran con más bien, si herimos a alguien corremos el riesgo de que nos paguen con la misma moneda, es el principio de Causa y Efecto, es como un boomerang.

He recibido muchos mails a lo largo de los años preguntándome como pueden atraer a cierta persona con la ley de Atracción y yo siempre digo lo mismo, no se puede jugar con el libre albedrio de los demás.

Si deseas una pareja y deseas Amor, adelante atráelo, sólo que no pretendas atraer a alguien que igual no te conviene o no le convienes.

Por lo que os convengo a que tengáis muy claras vuestras metas sean estas las que sean, pero que no hagan daño o perjudiquen a nadie y sobre todo a vosotros mismos y una vez que tengamos claros los objetivos

LUCHAD POR ELLOS CON TODA LA FE DE QUE EL
UNIVERSO OS AYUDA.

Capítulo **18**

La importancia del vacio

Si vivimos rodeados de objetos inútiles que no nos sirven, ni nos aportan nada, la Energía deja de fluir, no hay espacio para nada nuevo, así como objetos también hablo de emociones que están adheridas a esos objetos, emociones de antiguas relaciones de pareja o de familiares, incluso guardamos muchas cosas que ni nos gustan sólo porque fue un detalle de tal o cual persona o algo heredado.

La suciedad y el polvo tampoco hablan muy bien de lo que hay en nuestro interior, el caos el desorden en nuestros cajones, son un reflejo del caos y el desorden que hay en nuestra mente y que nos mantiene bloqueados sin poder avanzar.

Te reto a que limpies, ordenes, tires, regales, vendas, todo aquello que ya no usas desde hace tanto, ropa, libros, objetos, papeles, sabanas, mantas, etc.

En este enlace podrás ver en vídeo como el desorden afecta a nuestras emociones:
https://www.youtube.com/watch?v=nQJUlL8FDhI

También está incluido el coche, ya que este es un reflejo nuestro, al igual que nuestra casa o despacho, de lo que se trata es que si no sois capaces de poner la casa patas arriba, al menos lo hagáis en los armarios, coche y despacho o escritorio o aquel lugar donde pasáis más tiempo.

Es increíble como cuando hacemos espacios y ordenamos empiezan a llegar nuevas situaciones o relaciones u objetos o dinero a nuestra vida.
Para cuando estéis limpiando estas áreas os propongo que afirméis para vosotros mismos.

"Con esta limpieza exterior limpio mi interior de aquello que me impide avanzar.
Gracias. Gracias. Gracias."

En estos años poco a poco a medida que he ido avanzando me han ido llegando los cursos, los libros, las pautas necesarias para ir logrando poco a poco lo que deseo.

Entre ellos un Arte Milenario como es el Feng Shui, para mi ha abierto mi vida a un mundo increíble donde de manera práctica, observando mi entorno puedo transformar mi interior.

Es la parte práctica que se une de manera armoniosa a la Ley de Atracción.

Me ha aportado tanto y he podido cambiar tantas cosas que un día me decidí a formarme y hoy son Consultora e Instructora de este Arte de más de 3.000 años que nos llega de Oriente.

Así una de las pautas de Feng Shui es que nuestro alrededor es un reflejo de nuestro interior y podemos influir en nuestro interior cambiando y mejorando el exterior, o sea nuestra casa o negocio.

Por lo que lo que te he propuesto antes, es una de las primeras cosas que te propone el feng Shui, ordenar todo tu exterior para así ordenar tu interior.

Otra manera de vaciar tu mente es con la Meditación, te dejo esta que está incluida en mis cursos porque a mí me ha ayudado mucho durante estos años, así como a las personas que la han realizado conmigo.

Meditación Mochila

Para esta meditación te recomiendo que la lea alguien de tu
confianza o que la grabes con tu propia voz.

Busca una posición cómoda ya sea sentado con la espalda recta
o tumbado.
Realiza varias respiraciones profundas, inhala por la nariz y
exhala por la boca.

Ahora siente como vas relajando todo tu cuerpo, comienza
sintiendo como se relaja tu cuero cabelludo, como va bajando
esta relajación y relajas tu cara, la frente, los ojos, la mandíbula,
separa los dientes y un poco los labios, siente como relajas la
lengua.

Vas sintiendo como esta relajación va recorriendo tu cuerpo
como una luz sanadora, así relajas el cuello, el pecho, el
corazón, sientes como tu columna se va relajando vertebra por
vertebra hasta llegar a tus caderas que se hunden relajadas.

Relajas tus muslos, tus rodillas, las piernas, los tobillos y hasta
los dedos de los pies, mientras tu respiración es pausada.

Ahora te ves a ti mism@ en un bosque precioso, lleno de pinos,
puedes oler su aroma mientras oyes trinar a los pájaros, llevas
una mochila y frente a ti hay un camino empinado.

Comienzas a caminar siguiendo el sendero del camino, al
principio vas andando y disfrutando del paisaje, sólo que a
medida que vas andando la mochila a tu espalda cada vez pesa
más y más, poco a poco tiendes a inclinarte hacía adelante para
compensar el peso excesivo de la mochila que llevas a tu
espalda.

Después de unos metros andando sientes que la carga está
resultando demasiado pesada, aunque ya casi has llegado a la
cima que te lleva a un campo de flores y un rio.

Al fin llegas junto al rio y te sientas por unos minutos a
descansar, dejando la mochila pesada a tu lado.

Ha llegado la hora de abrir la mochila y cuando miras en su
interior descubres que está llena de todos tus miedos, rencores,
enfados, penas, odios, los observas porque sabes que ha llegado
la hora de vaciar la mochila, si no entera al menos de aquello
que sientes que estas list@ para soltar.

Así poco a poco vas sacando cada circunstancia o sentimiento y
lo lanzas al rio, mientras ves como la corriente se lleva esa
emoción o ese recuerdo o esa persona que ya no tiene cabida en
tu vida.

Tomate el tiempo que necesites, tira todo aquello que
consideres, también puedes quedarte retornando a la mochila
aquello que sientas que aun no estás list@ para dejar ir por la
corriente.

Una vez hayas acabado levántate, toma la mochila, ¿a que es
ligera?
Mientras te la colocas a la espalda puedes sentir que el peso ya
no supone una carga y con alegría retornas al aquí y ahora,
sabiendo que puedes volver a descargar la mochila siempre que
quieras en este río.

Capítulo **19**

La importancia de tener proyectos

Cuando no tenemos perspectivas para el futuro, cuando
sentimos que no hay nada que esperar de la vida, lo cierto es
que se hace muy difícil levantarse de la cama y vivir, por ello es
tan importante el tener sueños, metas, deseos.

No se trata de tan sólo desear y esperar a que ocurra sin más,
cierto que en ocasiones no hará falta que hagamos mucho para
que se materialice lo que deseamos, de lo que se trata es de
buscar causas por las cuales disfrutar de cada día.

Para lograr el Éxito:

*Confía en ti.
*Pide ayuda.
*Continua adelante.
*Empieza otra vez.
*Míralo desde otra perspectiva.
*Qué quieres realmente.

Para ello haz una lista de cuáles son tus metas o deseos en cada
área de tu vida para un año o un mes o tres años o seis meses.

Si no sabes exactamente qué es lo que quieres en tu vida, seguro
que sabes lo que NO quieres, así que el hacer una lista de lo que
no deseas puede servir para identificar aquellas cosas que
deseamos.

Coge un folio y divídelo en 2 columnas.
A la izquierda escribe: Lo que NO quiero
A la derecha escribe: Lo que SI QUIERO

Así en base a lo que no quieres por ejemplo, no quiero sufrir,
puedes escribir lo que Si quieres, Deseo Amar y ser Amada.

Saber qué queremos en nuestra vida es el primer paso para ir
por ello, si no vivimos presos y esclavos de las circunstancias, es

como cuando un marinero pierde el timón de su barco y son las corrientes y los vientos quienes marcarán su viaje.

El cual puede que muchas veces esté cerca de lo que él en su interior desea, sólo que como no tiene el camino o las herramientas para dirigirse hacia ese puerto, puede que en alguna ocasión lo vea en la lejanía o que simplemente no se dé cuenta que está a sólo una milla de él.

Saber que queremos es como he dicho el primer paso, el segundo es plantearnos que necesitamos para llegar a él, no se trata sólo de dinero, puede ser algún tipo de conocimiento sobre el tema, la ayuda u orientación de un profesional o simplemente ir al lugar adecuado a pedirlo.

Cuando empecé a interesarme en serio por el Feng Shui, tuve claro que tenía que buscar algún lugar donde formarme y así sin buscarlo un día en la pantalla de mi ordenador apareció la Asociación de Profesionales de Feng Shui de Habla Hispana.

Me gustó mucho su presentación, su metodología y las personas que imparten los cursos, así que sin dudarlo contraté mi curso de formación y me hice Consultora, no había acabado el Curso y ya estaba deseando hacerme instructora para enseñar a otros este Arte Milenario de China que tanto me estaba aportando, ya que desde el principio a medida que iba realizando el curso, introducía cambios a mi alrededor y notaba resultados.

Al igual que nuestra salud se puede ver influida por el entorno, lo que nos rodea es un reflejo de nosotros mismos y de nuestra situación actual.
Piensa en aquellas personas que sufren depresión, su casa, su mesa de trabajo es un reflejo de su ánimo bajo que les impide ordenar, tener las superficies limpias.

Así hace más de 3.000 años que en China utilizan el Feng Shui para que el entorno apoye a la persona tanto en su trabajo, como en sus relaciones y sea un reflejo de lo que desean lograr.

Si puede afectar de mala manera a nuestra salud un ambiente contaminado, también por lógica afectará a nuestro ánimo y salud un ambiente adecuado.

Un ejemplo que siempre pongo sobre cómo afecta a la salud un mal Feng Shui, es el de mi padre, lo cierto es que para él esto de Feng Shui era algo así como un cuanto Chino.

Hasta que hace cosa de dos años comenzó a tener problemas y dolores fuertes de cervicales y cabeza, fue al médico en busca de una solución y claro como hacía cerca de 32 años había sufrido un accidente de moto y el golpe había sido todo en la cara, cabeza y cervicales, llegaron a la conclusión de que era el desgaste normal de un hombre de 67 años y se resentía de aquel accidente.

Le hicieron radiografías para ratificar el diagnóstico y lo mandaron a rehabilitación.

Nada parecía calmar el dolor, tan sólo los calmantes que cada vez tomaba más seguidos.

Hasta que un día mientras comíamos le dije:

-Papa, ¿por qué no pruebas a sentarte junto a mama en vez de estar en la cabecera de la mesa, que detrás tienes esta columna apuntándote directamente a las cervicales?

Me miró raro la verdad jajaja.

Aunque me hizo caso y en un par de días el dolor pasó a ser historia y una anécdota que ahora cuenta a todos sus incrédulos amigos cuando les doy algún consejo de Feng Shui.

Capítulo **20**

Se responsable de tu vida y deja a los demás vivir la suya

Muchos me han escrito pidiéndome consejo para que otros cambien aplicando la Ley de Atracción, lo cierto es que no podemos manipular a los demás para que se comporten como deseamos, esta es una de las lecciones más importantes que hemos de aprender para todas las áreas de nuestra vida.

No podemos hacer que otro nos quiera, es como obligarle a que tenga unos sentimientos que no son suyos, ¿tu querrías que alguien tuviera ese poder sobre ti?

Porque claro qué fácil es desear que fulanito se enamore de mi

¿Y si menganito que no te gusta nada, encuentra la forma de manipularte a ti?

La vida y la felicidad no funcionan así.

En la INDIA se enseñan las "Cuatro Leyes de la Espiritualidad":

La primera dice: "La persona que llega es la persona correcta", es decir que nadie llega a nuestras vidas por casualidad, todas las personas que nos rodean, que interactúan con nosotros, están allí por algo, para hacernos aprender y avanzar en cada situación.
La segunda ley dice: "Lo que sucede es la única cosa que podía haber sucedido". Nada, pero nada, absolutamente nada de lo que nos sucede en nuestras vidas podría haber sido de otra manera.
Ni siquiera el detalle más insignificante.
No existe él: "si hubiera hecho tal cosa hubiera sucedido tal otra..."
Lo que pasó fue lo único que pudo haber pasado, y tuvo que haber sido así para que aprendamos esa lección y sigamos adelante.

Todas y cada una de las situaciones que nos suceden en nuestras vidas son perfectas, aunque nuestra mente y nuestro ego se resistan y no quieran aceptarlo.

La tercera dice: "En cualquier momento que comience es el momento correcto". Todo comienza en el momento indicado, ni antes, ni después. Cuando estamos preparados para que algo nuevo empiece en nuestras vidas, es allí cuando comenzará.

Y la cuarta y última: "Cuando algo termina, termina". Simplemente así.

Si algo terminó en nuestras vidas, es para nuestra evolución, por lo tanto es mejor dejarlo, seguir adelante y avanzar ya enriquecidos con esa experiencia."

Por lo que si alguien no está a tu lado es porque no ha de estar, así que cierra página, déjale ir y sigue tu camino, probablemente hay alguien maravilloso esperando que le des permiso para entrar en tu vida.

Por lo que comienza por cambiar tu, llevar la vida que deseas y verás que poco a poco las personas que te rodean irán cambiando, puede que con algunas comiences a llevarte mucho mejor que antes, otras nuevas llegarán y otras se irán porque ya cumplieron su cometido en tu vida.

El que alguien se vaya no quiere decir que no vaya a volver más adelante.

Yo misma he retomado amistades que hacía años que no tenía contacto o que en su día pasaron por mi vida sin demasiada relevancia y hoy en cambio son una parte importante de mi.

Cuando permitimos a otros que vivan la vida que desean y aceptamos como son, nosotros mismos comenzamos a notar que hay menos presión sobre lo que hacemos o como vivimos.

Recuerda que según son tus emociones así atraes, cuanto más ligera de equipaje viajo más gente hay a mi lado con la que disfruto, ellas son como son, únicas y yo también.

Cuando me molesta algo de alguien, sobre todo si es alguien cercano a mí, trato de parar y pensar si estoy tratando de que esa persona sea como yo deseo y no la estoy aceptando tal y como es, al final si acepto que quiero imponer mi manera de pensar es cuando más suavizo mi relación con ella.

Nada ni nadie te va a librar de discusiones, tropiezos, decepciones, incluso conociendo y practicando la Ley de Atracción de manera consciente.

La vida es esto subir, bajar, triunfar, tropezar y miles de experiencias más, para eso estamos vivos, la única y más importante diferencia es que tu actitud hacía los problemas cambia y hace que estos pasen más pronto y de manera distinta.

Capítulo **21**

Ponle fecha a tus sueños o estarás siempre soñando

Puede que no entiendas como puedes poner una fecha límite a tus sueños si no sabes cuándo o cuanto te costará lograrlo.

Bien esto es algo que aprendí con Michelle Nielsen en su libro Creando a Matisse, el que te recomiendo que compres, leas y pongas en práctica.

Cuando empecé eso de poner fecha a mis sueños me costaba mucho, sobre todo a los económicos puesto que yo necesitaba el dinero ya no dentro de unos meses o un año.

Aun así recuerdo que hice varias listas con lo que deseaba en mi vida dando distintos plazos, desde una semana, un par de meses, dos años, cinco...
Y me olvidé de esas listas.

Cuando leí el libro de Michelle, me plantee una de las metas más importantes para mí, ser madre.

Hice mi afirmación positiva con una fecha en concreto como si ya fuera una realidad.
Por entonces no tenía pareja, ni ningún tipo de relación con la cual pudiera cumplir mi sueño de ser mama.

Seguí los pasos que indica Michelle en su libro, afirmación guión, visualización de mi meta y lo solté.

Solté tanto mi sueño que ni caí cuando me quedé embarazada unos meses después de mi pareja, ni caí cuando faltaba poco para que naciera mi hija.

Si me di cuenta, cuando al poco de nacer mi hija un día encontré mi escrito y pude leer que mi hija había nacido 2 días después de la fecha que yo había puesto en mi afirmación.

Yo puse "Es 6 de septiembre de 2012 y soy inmensamente feliz con….

Y mi hija nació el 8 de septiembre de 2012.

La cosa no queda ahí, pues dos años después encontré una de esas listas con fecha que había hecho en 2010 y ahí estaba bien claro uno de mis deseos.

Ser madre plazo 2 años.

Otra de esas ocasiones en que usado el Método de 10 Pasos de Michelle Nielsen fue para dedicarme a lo que me dedico.

Entonces estaba a media jornada como secretaria en una oficina y aunque el trabajo no era para matarse y me lo pagaban bien, lo cierto es que me sentía atrapada y que me restaba tiempo de lo que realmente deseaba hacer, dedicarme en exclusiva a mis Asesorías de Feng Shui, mis Cursos de Feng Shui y la Ley de Atracción, mis cosas vaya.

Por lo que un mes de junio escribí que para el 12 de octubre de aquel año, estaría dedicándome en exclusiva a lo que me apasiona en mi propio centro de terapias.

Pasó el verano y en septiembre volví a trabajar como secretaria, hasta que a final de mes sin venir a cuento o sí jajajaja
Me despidieron!!!

Resulto entre una liberación y un shock pues hasta ahora nunca me habían despedido, el caso que me sentí feliz, por fin era libre y tenía todo el día para mí.

La sorpresa fue redonda cuando el día 12 de octubre se me cayó una libreta encima de la estantería y en la página estaba mi petición.

Pensarás, si ¿y el centro que querías?

¿Lo quería de verdad?

La verdad es que no, me gusta más y llego a más gente desde mi casa y dando cursos en distintos lugares, que teniendo un centro donde tengo que esperar a que venga la gente.

Tengo mi propio horario, flexibilidad absoluta para moverme, algo que no sería posible con un local.

Plantéate lo que de verdad deseas, porque a veces pedimos lo que se supone que hemos de pedir y no lo que realmente deseamos.

Y sobre todo recuerda ser flexible contigo y los resultados.

Capítulo **22**

MAPA DE LOS DESEOS:

Este Mapa es el que os hablé que hice en el Curso de formación
como Hay Teacher en 2.009, hace ya 6 años y os puedo decir
que tanto a mí, como a mis alumnas de los cursos de la ley de
Atracción que realizo nos ha funcionado en un 90%:

-1 Cartulina del color que más os guste
-Revistas
-Pegamento
-Tijeras
-Rotuladores de colores

Dividiremos la cartulina en 4 partes con un rotulador.

Recortaremos y pegaremos, las imágenes que representen
aquello, según el recuadro que vayamos a rellenar, empezando
por el de las cosas que deseamos materializar en nuestra vida en
un plazo de 3 o 5 años.

Esta es la idea:

Arriba a la izquierda de la cartulina

DESEOS A 3 AÑOS

Imágenes, palabras que representen: dinero, salud, familia,
trabajo, viajes, casa...

Arriba a la derecha de la cartulina

AQUELLO QUE DESEO SOLTAR

Tabaco, alcohol, drogas, estrés, dolores, emociones negativas,
rencores, discusiones

Abajo a la izquierda de la cartulina

AQUELLO QUE NECESITO APRENDER PARA OBTENER LO
QUE DESEO

Autoestima, taquigrafía, idiomas, relajación, cursos...

Abajo a la derecha de la cartulina

AQUELLO QUE ME NUTRE

La música, mi familia, el mar, la montaña, pintar, soñar, la
primavera, el otoño...

O dicho de otra manera:

Aquello que Deseo (trabajo, viajar, Amor, Salud, estudios...)

Aquello que no me ayuda a conseguir lo que quiero y deseo
soltar (migrañas, discusiones, carencias...)

Aquello que me Nutre y me hace sentir bien (el mar, la risa, el
sol, la naturaleza...)

Aquello que debo aprender para lograr lo que deseo. (Asistir a
cursos, meditación...)

Puedes usar imágenes, palabras sueltas, dibujos hechos por ti
mismo, tarjetas...

Lo importante es que te sientas bien y disfrutes al hacerlo.

Una vez terminado ponlo en un lugar donde puedas verlo cada
día, para que sirva de recordatorio de lo que quieres, una vez
hecho déjalo ir, que significa que puedes estar tranquilo, pues si
mantienes el nivel de confianza alto, sin preguntarte cuando o
como llegará lo que has pedido, LLEGARÁ.

Puedes realizar pequeños Mapas con temas concreto:
-Trabajo
-Amor
-Salud
-Familia

-Casa

Y llevarlos en tu carpeta o tu bolso o ponerlos en un lugar donde puedas verlo a menudo como la nevera, tu escritorio, la ducha (plastificado), en el baño...

Usa tu imaginación y creatividad para rodearte de aquellas imágenes de lo que deseas.

Te recomiendo sin dudarlo que introduzcas en tu vida:

Meditación, conexión con la naturaleza

*Cambiar tus creencias
*Visualizar
*Meditar
*Calmarte
*Reprogramar tus pensamientos
*Reconectar con tu Yo

También puedes utilizar: **Flores de Bach, Yoga, Reiki**

Claves para ser Feliz:

*Céntrate en lo que deseas

*Sueña en grande

*Ábrete al fracaso, si llega te ayudará a mejorar

*Ábrete al éxito, nosotros somos nuestros peores saboteadores

*Rodearte de aquello que te ayude a recordar tu objetivo, imágenes, frases, personas...

*Agradecer lo que ya tienes y deseaste en el pasado

*Agradecer todo lo bueno que está por llegar

*Sonríe a la vida y ella te devolverá la sonrisa

 *Dedica tiempo para ti, relájate, cuídate, amate, mímate

Recuerda la felicidad no es una cuestión de suerte, si no una decisión personal, si decides ser Feliz por encima de todo, nada impedirá que lo seas.

BIBLIOGRAFÍA

He leído muchos libros desde que di con El Secreto, de todos y cada uno he aprendido algo, me lo he guardado para usarlo según me convenga, sé que aún me queda mucho por aprender, pero necesitaba escribir lo que he aprendido estos años, compartirlo con el resto y a la vez aclarar en mi cabeza toda la información que he ido acumulando.

De todos los libros que he leído os dejo algunos que os sirvan de guía, os recomiendo que los leáis lo más receptivos que podáis, sin juzgar algunas ideas, que igual no tienen nada que ver con vosotros, aunque si os abrís encontraréis de gran ayuda.

EL SECRETO-RONDHA BYRNE
EL SECRETO MÁS ANTIGÜO DEL MUNDO-MARK FISHER
CERO LÍMITES-JOE VITALE
CREANDO A MATISSE-MICHELLE NIELSEN
USTED PUEDE SANAR SU VIDA-LOUISE HAY
EL MUNDO TE ESTA ESPERANDO-LOUISE HAY
PENSAMIENTOS DEL CORAZÓN- LOUISE HAY
AMATE A TI MISMO CAMBIARÁ TU VIDA-LOUISE HAY
METODO SEDONA
SUPER COACHING PARA CAMBIAR LA VIDA DE RAIMON SAMSO
FENG SHUI PARA OCCIDENTE-TERAH KATHRYN COLLINS
FENG SHUI HABITACIÓN POR HABITACIÓN-TERAH KATHRYN COLLINS
FELIZ POR SI-MARCI SHIMOFF
ACTITUD MENTAL POSITIVA-NAPOLEON HILL
EL ALQUIMISTA-PAOLO COHELO
PIDE Y SE TE DARÁ-ESTHER Y JERRY HICKS
CUADERNO DE TRABAJO DE PIDE Y SE TE DARA-ESTHER Y JERRY HICKS
EL VORTICE-ESTHER Y JERRY HICKS
LA LEY DE ATRACCIÓN-ESTHER Y JERRY HICKS
LA LEY DE ATRACCIÓN Y EL DINERO-ESTHER Y JERRY HICKS
EL INCREIBLE PODER DE LAS EMOCIONES-ESTHER Y JERRY HICKS
EL CABALLERO DE LA ARMADURA OXIDADA

*EL REGRESO DEL CABALLERO DE LA ARMADURA
OXIDADA
EL CAMINO MÁS FACIL-MABEL KATZ
EL CODIGO DINERO-RAIMON SAMSO
4 PALABRAS QUE CURAN-VIVI CERVERA
MENSAJE A UN AMIGO-ANTHONY ROBBINS
LAS 36 LEYES ESPIRITUALES DE LA VIDA-DIANA COOPER*

Hay muchos más, algunos de ellos simples guías cortas como el
mío, de pocas páginas, pero seguro que encontráis alguna
ayuda, como espero que sea en este mini libro que es el primero
en mi vida, pero no será el último.
Os deseo toda la Energía necesaria para atraer a vuestras vidas
TODO cuanto deseáis y sea bueno para vosotros.

Gracias por leer.

FIN

Si deseas conocer mejor mi trabajo y realizar algunos de mis cursos, puedes seguirme en las redes sociales como El Secreto llegó a Mi Vida o contactar conmigo.

Eva Mª Galera
Instructora y Consultora Profesional de Feng Shui
Experta en la Ley de Atracción
Faceboock: El Secreto llego a mi Vida
Skype: elsecretollegoamivida
info@elsecretollegoamivida.com
www.elsecretollegoamivida.com
http://elsecretoenmivida.blogspot.com.es/